Heinz Moser
Wege aus der Technikfalle – Computer und Internet in der Schule

Heinz Moser

Wege aus der Technikfalle –
Computer und Internet in der Schule

Verlag
Pestalozzianum

Die Deutsche Bibliothek – CIP Titelaufnahme
Moser, Heinz: Wege aus der Technikfalle : Computer und Internet in der Schule / Heinz Moser. - Zürich : Verl. Pestalozzianum, 2001
ISBN 3-907526-86-4

© Verlag Pestalozzianum 2001

Lektorat
Thomas Hermann, Verlag Pestalozzianum

Gestaltung Umschlag
Elisabeth Sprenger, Zürich

Layout/Herstellung
Vera Honegger, Verlag Pestalozzianum

Druck
Wallimann, Beromünster

Inhalt

Zusammenfassung der wesentlichen Ergebnisse	7
Teil I: Fakten, Trends und Ergebnisse zur Computernutzung	13
1. Die internationale Situation bei der Einführung von ICT-Mitteln die Schule	15
USA und Kanada	15
Grossbritannien	17
Deutschland	19
Österreich	20
Eine erste Zwischenbilanz	20
2. Die Situation in der Schweiz	21
3. Die Berücksichtigung der «Total Costs of Ownership» (TCO)	26
4. Die ungenügende Nutzung der Computer	28
Die pädagogisch-didaktische Qualifizierung	31
Die positiven Auswirkungen auf das Unterrichtsklima	34
Computer und die Problematik der Geschlechter	36
Schulklima als Faktor der ICT-Arbeit	40
5. Zwischenbilanz	43
Teil II: Computer als Teil der schulischen Lernkultur	45
1. Wie Medien die Organisation des Unterrichts verändern	47
2. Die Veränderung der Lernkultur	49
Konsequenzen für das Lernen im «System Schule»	52
Der didaktische Mehrwert	55
3. Unterrichtsbeispiele für das Lernen mit Computern an der Volksschule	57
4. ICT und die Medienkompetenz von Lehrkräften	62
Standards für die Aus- und Weiterbildung der Lehrkräfte	65
Teil III: Empfehlungen für Aus- und Weiterbildung	75
1. Der curriculare Rahmen des ICT-Lernens	76
ICT auf der Primarstufe	79
ICT in der Sekundarstufe	81
Kindergarten und Gymnasium	83

2. ICT-Mittel in der Lehrer/innenausbildung 84
   Aufgaben der Weiterbildung von Lehrkräften 85
   Schulinterne Weiterbildung 89
   Nachdiplomstudien 90
   ICT als Aufgabe der Grundausbildung 91

Teil IV: Empfehlungen für die Einführung von ICT in den Schulen ... 97

Anmerkungen 114

Literatur 115

Über den Autor 118

Zusammenfassung der wesentlichen Ergebnisse

In diesem Buch geht es um die Technikfalle. Diese bezeichnet das Phänomen, dass gegenwärtig eine umfassende Bildungsoffensive im Gange ist, welche darauf abzielt, Computer und Internet in die Schulen zu bringen. Doch das Ergebnis ist zwiespältig: Die grossen Anstrengungen, moderne Informationstechnologien in die Schulen zu bringen, setzen sich nicht automatisch in eine entsprechend hohe Nutzung in den Schulen um. Schülerinnen und Schüler arbeiten vielerorts nur sporadisch an den Computern, und noch spärlicher ist der Internetgebrauch. Die Geräte sind zwar da, aber es gibt noch zu wenig interessierte und engagierte Lehrkräfte, welche sich intensiv damit beschäftigen und diese neuen technischen Möglichkeiten regelmässig in ihren Unterricht integriert haben.

Hauptthese: die überschätzte Technik

Dabei ist die von Bildungspolitikern verfolgte Strategie grundsätzlich einleuchtend: Damit die Schulen den Anschluss an das Informationszeitalter finden, muss man ihnen entsprechende Technik zur Verfügung stellen. Doch damit tappt man bereits in die Falle. Technische Ausrüstung mag zwar Voraussetzung von Computernutzung sein, als pädagogische Strategie reicht es indessen nicht aus, moderne Multimediageräte und Internetanschlüsse in die Schulen zu bringen.

Die unzulängliche Nutzung der ICT-Mittel in den Schulen

Für diese Hauptthese werden im ersten Teil empirische Belege zusammengetragen. Hier wird nochmals deutlich, wie stark auf der einen Seite die europäischen Länder gegenüber den USA und Kanada im Rückstand sind. Von der Ausrüstung mit Mitteln der Informations- und Kommunikationstechnologien (ICT) her ist dort ein Stand erreicht, wo fast jede Schule darüber verfügt. In unseren Breitengraden sieht es dagegen noch düsterer aus. Hier laufen die Bildungsprogramme und Förderungsmassnahmen vielerorts erst richtig an. Das mag grundsätzlich ein Nachteil sein; andererseits bietet dies die Möglichkeit, von Anfang an die Probleme mit der Technikfalle zu vermeiden.

Denn auch in den Ländern, die ihre Schulen schon gut mit technologischer

Ausrüstung versorgt haben, zeigt es sich, dass die pädagogische und didaktische Nutzung im Unterricht damit nicht Schritt hält. Offensichtlich ist es leichter, technologische Strategien zu entwickeln als pädagogisch-didaktische, die dann wirklich greifen.

Dieses Faktum gilt über alle Schulstufen hinweg. Auch Gymnasien, in denen Computer – vorwiegend in Form von Informatikunterricht – bereits eine lange Tradition haben, sind hier keine Ausnahme. Schüler und Schülerinnen berichten hier immer wieder, dass auch sie noch wenig Kontakt mit dem Internet hatten bzw. dass Computer über den eigentlichen Informatikunterricht hinaus als Unterrichtsmittel noch keine grosse Rolle spielen.

ICT-Mittel als Alltagswerkzeuge im Unterricht

Dies macht deutlich, wo das Problem liegt: in den letzten Jahren wird nämlich immer stärker ein Gebrauch von ICT-Mitteln in der Schule propagiert, welcher die Computer zum Arbeits- und Lernwerkzeuge in allen Fächern deklariert – ähnlich wie Schulbücher oder die Wandtafel. Damit wird plötzlich auch von jenen (Gymnasial-)lehrern der Umgang mit Computern gefordert, die bisher von ihren Fächern her mit ICT-Mitteln «verschont» worden waren.

Diese stufenübergreifende Tendenz stellt einen zweifachen Paradigmenwechsel dar: Auf der einen Seite verlieren geschlossene Computerräume ihre frühere Bedeutung, indem die Geräte vielerorts direkt in den Klassenzimmern platziert werden. Im gleichen Zug wandelt sich aber auch die Didaktik: Unterricht im Bereich von ICT bedeutet nicht mehr einen informationstechnischen oder informatischen Fachunterricht, sondern den Einbezug von Computern als Arbeitsmittel in möglichst viele Unterrichtsfächer. Damit ist es nicht mehr nur eine bestimmte Spezies von Lehrkräfte, welche mit ICT-Mitteln konfrontiert werden (der Informatik- bzw. Mathematik-Lehrer); sondern es wird immer mehr erwartet, dass alle Lehrkräfte über Kenntnisse und Fähigkeiten bei der Anwendung und Integration von Computern in den Unterricht verfügen.

Wir zeigen in diesem Buch auf, dass dies für die Schulen einen tiefgreifenden Wandel bedeutet. Denn die nutzbringende Anwendung von ICT-Mitteln im Unterricht setzt zwei wesentliche Dinge voraus: Medienkompetenzen bei den Lehrkräften sowie eine Veränderung der Lernkultur. Macht man sich dies klar, wird schnell deutlich, weshalb einseitig technologisch ausgerichtete Strategien direkt in die Technikfalle führen: Denn sie setzen irrtümlicherweise voraus, dass die Aneignung von Medienkompetenzen sowie der Wandel in der Lernkultur bereits stattgefunden hat bzw. dass dieser ohne grössere Anstrengung möglich ist.

Der notwendige Wandel der Lernkultur

Doch dies ist eine Illusion. Um die damit verbundenen Ansprüche zu demonstrieren, werden wir aufzeigen, wie anspruchsvoll didaktische und methodische Lernarrangements sind, welche Computer und Internet auf sinnvolle Weise in den Unterricht integrieren. Vor allem mit den Mitteln des Frontalunter- richts, der leider auch heute oft noch das prägende Modell des Schulunterrichts ist, ist dies nur schwer möglich. Lehrkräfte müssen also über Fähigkeiten verfügen, mit den Formen des Wochenplans, von Werkstatt-, Gruppen-, und Projektunterricht zu arbeiten, wenn sie die Möglichkeiten der neuen ICT-Techniken ausnutzen wollen. Stichworte sind hier:
– Individualisierung des Unterrichts, indem das Lernen verstärkt in die Verantwortung der Lernenden übergeht, die autonom und selbstständig arbeiten sowie für sich selbst je nach Lernvoraussetzung unterschiedliche Ziele setzen. Die Konsequenz davon ist, dass die Orientierung am Durchschnittschüler entfällt und eine Klasse den Stoff nicht mehr im Gleichschritt der Schüler und Schülerinnen «durchnehmen» kann.
– Teamarbeit, indem die Schülerinnen und Schüler an herausfordernden Lernaufgaben arbeiten und diese gemeinsam bewältigen. Hier kann besonders gut das Internet zur Recherche einbezogen werden; ja es können auch Personen über regionale und Ländergrenzen zusammenarbeiten (wie es etwa der Wettbewerb ThinkQuest vorgezeigt hat).

Generell bedeutet dies, dass die Schulen verstärkt von einem Vermittlungsparadigma zu einem Problemlösungsparadigma übergeht. Lehrkräfte sind nicht mehr allein Stoffvermittler, sondern sie übernehmen zunehmend die anspruchsvolle Aufgaben von Lernbegleiter/innen oder Coaches, welche Lernprozesse anleiten und unterstützen.

Erhöhte Medienkompetenzen von Lehrkräften

Der vermehrte Gebrauch von ICT-Mitteln im Unterricht bedeutet aber auch, dass die Ansprüche an die Medienkompetenz der Lehrkräfte steigen. Wir haben in diesem Buch die Standards zusammengestellt, welche Lehrkräfte erfüllen müssen, die ICT-Mittel regelmässig im Unterricht einsetzen. Dabei ergibt sich eine Palette, die vom souveränen Umgang mit dem Betriebssystem und den Standardprogrammen, von pädagogischen Überlegungen zum Einsatz geeigneter Software, von der Nutzung des Computers für Unterrichtsvorbereitung und Terminverwaltung bis hin zu Fragen der Medienerziehung und entsprechenden Diskussionen im Unterricht reicht. Dazu kommt der schnelle Wandel im Technikbereich, der verlangt, dass man sich laufend über neuere Entwicklungen orientiert und bereit ist, solche auch in den Unterricht zu integrieren, wenn sie alltagstauglich werden. Ein Beispiel dazu ist die digitale Foto- und Videotechnik, die seit einigen Jahren zunehmend den PC einbezieht, um Bilder zu bearbeiten oder Videos zu schneiden. Die Lösungen sind mittlerweile so einfach und preiswert geworden, dass einem Einsatz im Unterricht nichts mehr entgegensteht.

Die Ausbildung

Aus- und Weiterbildung werden sich in den nächsten Jahren verstärkt um den ICT-Bereich kümmern müssen, wenn Lehrkräfte die genannten Medienkompetenzen erwerben sollen. Dabei wird in diesem Buch deutlich gemacht, dass im Zentrum nicht technische Fähigkeiten, sondern die pädagogisch-didaktische Ausbildung der Lehrkräfte aller Stufen steht. Neben der Weiterbildung ist hier vor allem die Grundausbildung gefordert. Hier wird im Moment allerdings noch viel zu wenig getan. Am Beispiel des Deutschen Hochschulenetzwerks wird gezeigt, in welche Richtung inhaltliche Programme gehen könnten. Und gleichzeitig wird dafür plädiert, dass es Nachdiplomstudiengänge braucht, in welchen sich engagierte Lehrkräfte auf den Bereich der ICT-Mitteln spezialisieren können.

Die Einführung der ICT-Mittel an den Schulen

Neben der Ausbildung ist es aber auch wichtig, dass die Einführung der ICT-Mittel an den Schulen auf eine sinnvolle Weise erfolgt. Hier besteht mittlerweile ein breites Erfahrungswissen, auf welches dieses Buch Bezug nimmt. Im Mittelpunkt steht die Überlegung, dass die Technikfalle nur vermieden werden kann, wenn zweierlei gewährleistet ist:
1. Es sollte der sich gegenwärtig abzeichnende Trend vermieden werden, bei der Weiterbildung von Lehrkräften zwischen technisch orientierten Grundkursen (Einführung in Betriebssystem und Standardsoftware) und pädagogisch-didaktischer Ausbildung zu unterscheiden. Vielmehr sind Kurse im Bereich der Schulinformatik von allem Anfang mit starker pädagogischer Akzentuierung durchzuführen.
2. Gleichzeitig sollte die Informatikausbildung als Teil eines Schulentwicklungsprozesses konzipiert werden. Erhalten die Lehrkräften das Gefühl, dass ihnen eine solche Reform «aufgezwungen» wird, reagieren sie oft mit Widerständen oder arbeiten nur unwillig mit. Aus diesem Grund erscheint es uns wichtig, dass Schulen die ICT-Mitteln in ihr eigenes Leitbild integrieren und Schulhauskonzepte entwickeln, welche das Kollegium gemeinsam umsetzt. Auch Weiterbildung sollte möglichst vor Ort stattfinden und die konkreten Bedürfnisse und Probleme der Lehrkräfte aufnehmen.

Wenn es gelingt, neben den notwendigen technischen Investitionen die pädagogisch-didaktische Ausbildung genügend zu akzentuieren und im Rahmen der Schulentwicklung auch ICT-Mittel zu thematisieren, dann dürften die Chancen gut stehen, um den Computer zu einem integrierten Bestandteil des Schulalltags zu machen. Bisherige Erfahrungen zeigen immer wieder, wie engagiert und interessiert Lehrkräfte sich mit dem Computer auseinander setzen, wenn sie einmal Feuer gefangen haben. Die strukturellen Bedingungen müssen aber so gesetzt werden, dass sie dies erleichtern.

Glückt dies jedoch nicht, ist ein Scherbenhaufen vorprogrammiert, den sich die Institution Schule schlicht nicht leisten kann. Denn es darf nicht sein, dass zig-Millionen in moderne Multimedia-Technik investiert wird, die dann in den Schulen brach liegen. Die Öffentlichkeit und insbesondere alle Eltern, die täglich Zuhause und an ihrem Arbeitsplatz mit Computern arbeiten, würden dies schlicht nicht verstehen. Ein erneuter und gravierender Legitimationsverlust der Schulen wäre wohl die unvermeidliche Konsequenz.

Teil I
Fakten, Trends und Ergebnisse zur Computernutzung

Computer und Internet gehören gegenwärtig zu den meistdiskutierten bildungspolitischen Themen, wobei das Meinungsspektrum von einer total vernetzten Schule bis zu Appellen reicht, die Organisation Schule nicht zu einem übereilten Abenteuer zu verleiten. So betont Clifford Stoll in seinem Pamphlet gegen den Einsatz von Computern in der Schule: «Warum wird so wenig darüber diskutiert, ob es gut ist, Riesensummen für Schulcomputer zu verschwenden? Lernen Schüler mehr aus dem Internet oder bei Exkursionen in den Wald, in Museen oder Fabriken? Zumindest sollten wir die Frage stellen, welche Probleme denn gelöst werden, wenn das Internet in jeder Schule Einzug hält – und welche Probleme erst entstehen, wenn wir mehr und mehr Zeit mit elektronischen Geräten verbringen.» (Stoll 2001, S. 13). Die zuletzt formulierte Frage Stolls ist sicher berechtigt, weniger jedoch seine Tendenz, dabei bereits eine negative Antwort vorzugeben.

Wir gehen hier im Gegensatz dazu von der These aus, dass es grundsätzlich eine sinnvolle und notwendige bildungspolitische Strategie ist, Schülern und Schülerinnen die Mittel der modernen Informations- und Kommunikationstechniken zugänglich zu machen. Allerdings ist die Aufforderung Stolls ernst zu nehmen, dass der Nutzen des ICT-Einsatzes in den Schulen konkret nachzuweisen ist.

Um den gegenwärtigen Stand der Entwicklung darzustellen, beginnen wir mit einer Recherche zur Einführung der Informations- und Kommunikationstechnologie (ICT) in den Schulen. Hier hört man immer wieder, dass die deutschsprachigen Länder gegenüber den USA einen beträchtlichen Rückstand aufweisen. Aus diesem Grunde soll – im Sommer 2001 – versucht werden, eine Zwischenbilanz zu ziehen. Dazu haben wir aus dem – insbesondere auf dem Netz – vorhandenen Datenmaterial den gegenwärtigen Entwicklungsstand in einigen ausgewählten Ländern recherchiert (USA, Kanada, Grossbritannien, Deutschland, Österreich, Schweiz). Die Auswahl fiel auf hochindustrialisierte Staaten, die insgesamt vor einer ähnlichen Ausgangssituation standen, dabei aber unterschiedlich früh bzw. intensiv mit der Förderung von ICT in den Schulen begannen.

Allerdings ist die Entwicklung der technischen Infrastruktur nur eine Seite der Medaille. Genauso zentral – und langfristig wahrscheinlich folgenreicher – ist die Frage, ob und inwiefern die damit den Lehrkräften zur Verfügung stehenden ICT-Mittel in den Schulen auch nachhaltig genutzt werden. Dazu finden sich im publizierten statistischen Datenmaterial, auf das wir den ersten Teil dieses Bericht basieren, immer wieder Aussagen, die dazu dienen können, einen ersten summarischen Eindruck zu formulieren.

In Deutschland und der Schweiz sind zudem bereits einige grössere Berichte und Evaluationsstudien veröffentlicht, die es erlauben, die Wirksamkeitsaspekte vertieft darzustellen und eine Reihe von Faktoren zu benennen, die für die Einführung von ICT in die Schulen zentral sind. Anhand dieser meist qualitativen Studien kann vertieft dargestellt werden, welche Entwicklungsaufgaben und -probleme anzugehen sind, damit die Anwendung von ICT-Mitteln zum integrierten Bestandteil des Schulalltags wird – und daraus gleichzeitig auch ein pädagogischer Nutzen für das Lernen in der Schule entsteht.

1. Die internationale Situation bei der Einführung von ICT-Mitteln die Schule

Im Folgenden beginnen wir die *Tour d'horizon* mit einer Beschreibung der Ausstattung mit Computern im angelsächsischen Raum. Diesen Ländern wird zugeschrieben, dass sie die Ausrüstung von Schulen mit ICT-Mitteln besonders intensiv betrieben haben. Da die entsprechenden Weichenstellungen früh getroffen wurden, ergab sich erst einmal ein Vorsprung gegenüber den deutschsprachigen Ländern – und es stellt sich die Frage, ob dieser mittlerweile durch die auch bei uns überall spürbaren intensivierten Anstrengungen abgebaut werden konnte.

USA und Kanada

In den USA und Kanada wurden die Informations- und Kommunikationstechnologien in den 90er-Jahren stark gefördert – in den USA ab 1994 durch die «National Information Infrastructure» (NII) Initiative des Weissen Hauses. Das «National Center for Education Statistics» (NCES), welches diese Entwicklung durch Umfragen begleitete (http://nces.ed.gov/pubsearch/), berichtet, dass im Frühjahr 1999 99 Prozent der befragten Vollzeit-Lehrkräfte angaben, sie hätten über die Schule in irgendeiner Form Zugang zu Computern und zum Internet.

Was die Vernetzung mit dem Internet betrifft, so stieg die Anzahl der Schulen mit Zugang zum Internet von 35 Prozent im Jahr 1994 auf 95 Prozent im Jahr 1999 an. Während Mitte der 90er-Jahre noch deutliche Unterschiede zwischen Schulstufen, städtischen und ländlichen bzw. Schulen mit einer «ärmeren» oder «reicheren» Schüler/innenpopulation bestanden hatten, verschwanden diese in der Untersuchung von 1999 gänzlich. Ähnliche Ergebnisse erbrachte die Second International Technology in Education Study (SITES) für Kanada. Danach besuchten 1999 neun von zehn kanadischen Schüler/innen eine Schule, die Zugang zum Internet hatte.

Was die Anzahl der Computer pro Schüler/innen betrifft, so war dieses 1999 gemäss dem «Committee of Advisors on Science and Technology» in amerikanischen Schulen ungefähr bei 1:6 (bei einem angestrebten Verhältnis von 1:4 oder 1:5). Im Fall von Computern mit Internetzugang ging die Computer-Schüler/innen-Relation allein von 1998 bis 1999 von 1:12 auf 1:9 zurück. In Kanada betrug das Verhältnis 1:7 auf Sekundarschul- und 1:9 auf der Primarschulebene.

Interessant ist in diesem Zusammenhang zudem, dass in diesen beiden Ländern unterschiedliche Strategien verfolgt werden: In den USA stehen die Geräte mit Internetzugang bevorzugt in den Unterrichtsräumen, während Kanada die Einrichtung von Computer-labs bevorzugt:

Land	Computer-labs	Unterrichtsräume	Andere
Kanada	59 %	32 %	9 %
USA	43 %	48 %	9 %
(nach Informationen des kanadischen SchoolNet vom März 2000)			

Neben den nackten Zahlen zur installierten Hardware gibt das NCES einige Hinweise zur Nutzung der Computer und des Internets an amerikanischen Schulen. So antworteten 31 Prozent der Lehrkräfte, dass sie die Computer und das Internet «häufig» nutzten, um Unterrichtsmaterial zu kreieren, und 34 Prozent berichteten, sie benutzten ICT-Mittel häufig für Schulverwaltungszwecke.

Im Weiteren antworteten 66 Prozent der Lehrkräfte öffentlicher Schulen, sie setzten die Computer für Unterrichtszwecke ein. 41 Prozent benutzten Anwendungen wie eine Textverarbeitung oder eine Datenbank. 31 Prozent setzten sie für Übungszwecke und 30 Prozent für kleinere oder grössere Recherchen auf dem Internet ein. Befragte man die Lehrkräfte, wie gut sie sich für die verschiedenen Anwendungsbereiche des Internets ausgebildet fühlten, so antworteten rund ein Drittel mit «gut» oder «sehr gut».

Insgesamt zeigen diese Ergebnisse, dass der unterrichtliche Einsatz der neuen technologischen Möglichkeiten mit der Ausrüstung noch nicht Schritt hält. Wenn man als Zielperspektive anstrebt, dass der Computer im Unterricht aller Lehrkräfte ein alltägliches und selbstverständliches Werkzeug darstellt, so wird dies auch in den USA noch bei Weitem nicht erreicht. Zudem ist offen, wie sich die Qualität des Einsatzes von Computern und Internet bei denjenigen Lehrkräften darstellt, welche positiv antworteten. Wir werden auf diese Frage – wenn auch nicht am Beispiel der USA – später in diesem Bericht zurückkommen.

Grossbritannien

In Europa wurde die Einführung von ICT in Grossbritannien bereits ab Mitte der 90er-Jahre stark unterstützt – etwa im Rahmen des «National Grid for Learning» und auch dadurch, dass ICT als Thema explizit in die jüngste Revision des nationalen Curriculums (1999) integriert wurden. Jervis/Steeg schreiben dazu: Das National Grid for Learning «zielt darauf ab, alle Schulen im United Kingdom mit dem Internet zu verbinden und sicherzustellen, dass ein signifikanter Anteil von qualitativ hoch stehenden Unterrichtsinhalten vorhanden ist, welche die Schulen befähigen, einen guten Gebrauch des Internets beim Lehren und Lernen zu machen» (Jervis/Steeg 2000).

Ausfluss dieser bildungspolitischen Strategie sind die Zahlen, welche Erziehungsminister Michael Wills im Januar 2001 präsentierte: Danach sind fast neun von zehn Schulen mit dem Internet verbunden, verglichen mit rund einer von zehn im Jahr 1996. Die Anzahl der Schüler/innen pro Computer hat sich von 1:17,6 im Jahre 1998 auf 1:12,6 in der Primar- und von 1:8,7 auf 1:7,9 in den Sekundarschulen verbessert. Die Ausgaben für ICT-Mittel der Primarschulen erhöhten sich von einem Durchschnitt von 3600 Pfund im Jahr 1998 auf 8300 Pfund; in den Sekundarschulen stiegen sie von 40100 Pfund auf 50100 Pfund.

Statistiken des Erziehungsministeriums verdeutlichen, dass 46 Prozent der mit dem Internet verbundenen Sekundarschulen ihren Schülern und Schülerinnen Zugang zum Internet geben (Primarschulen: 47 Prozent), während 20 Prozent dies nur in einem geringen Ausmass tun (Primarschulen: 43 Prozent) und 4 Prozent (Primarschulen: 10 Prozent) überhaupt keinen Zugang gewähren. (vgl. BESA 2000, S. 6–8). Mehr als die Hälfte der Lehrer/innen und mehr als ein Viertel der Schüler/innen in Sekundarschulen haben im Jahr 2000 eine eigene E-Mail Adresse gehabt. Doch auch in den Primarschulen wurde E-Mail im Jahr 2000 dreimal häufiger genutzt als noch 1998 (vgl. Statistics 2000).

Dieselben Statistiken geben auch einige Hinweise zur Wirksamkeit der bildungspolitischen Strategien im ICT-Bereich. 67,1 Prozent der Lehrenden in Primarschulen und 73,4% in Sekundarschulen fühlen sich fähig, ICT im Unterricht so anzuwenden, wie es das Curriculum vorschreibt (Statistics 2000, S. 24). Von den Unterrichtsfächern her wird deutlich, dass ICT-Mittel vor allem in der Muttersprache (Englisch), in Mathematik und in der Informationstechnologie genutzt werden, viel weniger häufig dagegen in Fächern wie Geografie und Geschichte, oder in den modernen Fremdsprachen.

Ein kürzlich von der British Educational Communications an Technology Agency (BECTA) im Auftrag des Erziehungsministeriums veröffentlichter Bericht versucht zudem auf Grund einer sekundären Analyse von Daten zur Schulaufsicht die Wirksamkeit der Arbeit mit ICT-Mitteln empirisch zu belegen (vgl. BECTA 2001). So wird nachgewiesen, dass Schulen mit guten ICT-Ressourcen bessere Schülerleistungen in Englisch, Mathematik und den Naturwissenschaften erbringen als Schulen mit schlechten Ressourcen. Der gute Gebrauch

solcher Ressourcen wird dabei von Faktoren abhängig gemacht wie:
- qualitativ hoch stehender ICT-Unterricht,
- ein mit Bezug auf ICT positives Schulleitbild,
- ein breiter Zugang der Schüler/innen zu den ICT Ressourcen,
- die Förderung der ICT-Fähigkeiten bei den Schüler/innen,
- die Entwicklung einer positiven Einstellung bei den Schüler/innen zu den ICT-Mitteln (vgl. BECTA 2001).

Allerdings stellt sich die Frage, ob diese im ersten Augenblick imponierenden Resultate nicht doch etwas relativiert werden müssten. Jedenfalls ist es recht einfach für Lehrkräfte, in einer Umfrage relativ unspezifisch zu antworten, man fühle sich fähig im Gebrauch der ICT-Mittel. Dies muss über die Intensität der Anwendung und die dabei vorhandene Professionalität des Einsatzes letztlich noch nicht allzuviel aussagen. Und auch die in den BECTA-Untersuchungen zitierten Ergebnisse zu den Schülerleistungen lassen letztlich offen, welches der Beitrag des Faktors ICT an ihnen darstellt. Es könnte ja auch so sein, dass das Wirkungsverhältnis umgekehrt ist: Gute Schulen und Lehrkräfte, die bei ihren Schülern durch ihr Engagement hohe Leistung erzeugen, sind auch besonders bereit, sich mit den modernen elektronischen Unterrichtsmitteln auseinanderzusetzen.

Weit weniger euphorisch und distanzierter als die offiziellen Berichte fallen denn auch die Untersuchungen von Jervis/Steeg (2000) von der University von Manchester aus. Auch sie stellen zwar zwischen 1998 und 1999 einen starken Anstieg der Computer-Schüler/innen-Relation fest. Insbesondere seien gleichzeitig die in England früher verbreiteten Computersysteme von BBC und Acorn zurückgegangen – dies im Sinne einer Modernisierung der technischen Infrastruktur. Gleichzeitig werde deutlich, dass im Schulbereich die Vernetzung forciert wird und die Grösse der Netze in den Sekundarschulen stark zugenommen hat.

Insgesamt kommen die Autoren jedoch zum Schluss, dass trotz des starken Anstiegs zwischen 1998 und 1999 der Gebrauch des Internets in den Schulen immer noch spärlich geblieben sei, indem nur wenige Schulen über einen häufigen Gebrauch der Internet-Verbindung berichtet hätten. Mit Bezug auf die Anzahl der Schüler/innen müssten diese Aktivitäten eher in Promillen als in Prozenten festgehalten werden (Steeg/Jervis 2000, S. 8 f.). Somit sei der Gebrauch des Internets trotz grosser Investitionen in die Infrastruktur und die Geräte immer noch auf einem sehr tiefen Niveau angesiedelt. Allerdings müsse man sich bewusst sein, dass die Schulen in einem starken Wandel begriffen seien, sodass die Ergebnisse einer nächsten Untersuchungsrunde möglicherweise starke Veränderungen mit sich brächten.

Als Fazit könne festgehalten werden, dass die Hardware am Ziel angekommen sei, während das in diesem Zusammenhang notwendige Training erst beginne. Dabei sind Jervis/Steeg (2000, S. 15) davon überzeugt, dass es die Qualität der mit diesem Training verbundenen Erfahrungen sei, welche über Erfolg oder Misserfolg des ganzen Programmes entscheide.

Deutschland
In Deutschland hat die Bundesministerin für Bildung und Forschung, Edelgard Bulmahn, anlässlich der Eröffnung der Learntec im Februar 2000 in Karlsruhe als Zwischenstand der Einführung von ICT in deutschen Schulen festgehalten, dass zu diesem Zeitpunkt 12 000 bzw. 30 Prozent der 40 000 allgemeinbildenden Schulen mit Computern und Internetzugang ausgestattet waren. Ziel sei es, bis ins Jahr 2001 alle Schulen, berufliche Ausbildungsstätten und Weiterbildungseinrichtungen in Deutschland mit multimediafähigen PCs und Internetanschlüssen auszustatten. Wenn sich Rüdiger Hinsch 1998 (vgl. die Ausführungen auf: http:/checkup.san-ev.de/dyn/678.htm) darüber beklagte, dass in Deutschland 40 Schülern ein PC zur Verfügung stehe, was in keinem Verhältnis zur (viel besseren) Situation in UK und Kanada stehe, so hat sich dieses Verhältnis in der Zwischenzeit ebenfalls verbessert; so schätzt man gegenwärtig die Computer-Schüler/innen-Relation auf 1:25, was allerdings immer noch einen beträchtlichen Rückstand gegenüber den angelsächsischen Ländern bedeutet.

Die Bestrebungen, das Internet in die Schulen zu bringen, ist in Deutschland im Übrigen sehr eng mit der bundesweiten Initiative «Schulen ans Netz» (SaN) verbunden, die von der Bundesregierung und der Deutschen Telecom gesponsert wird. Erste Resultate der Begleitforschung zu diesem Projekt liegen vor. So hat das Institut für Schulentwicklungsforschung der Universität Dortmund eine Befragung der schulischen Koordinatorinnen und Koordinatoren der Internetarbeit an den Schulen durchgeführt. Daran nahmen 520 Probanden aus allgemein- und berufsbildenden Schulformen aller Bundesländer teil. Frank Weinrich und Renate Schulz-Zander betonen gleich zu Beginn ihres zusammenfassenden Berichtes zur Evaluationsstudie, die Untersuchungen machten deutlich, dass Deutschland im internationalen Vergleich bezüglich der technischen Ausstattung noch deutlich zurückliege (Weinrich/Schulz-Zander 2000, S. 577). Die mit Zugriff aufs Internet ausgestatteten Computer standen vornehmlich (81 Prozent) in eigens dafür eingerichteten EDV-Räumen. Funktionsräume wie Bibliotheken (17 Prozent) und Unterrichtsräume (11 Prozent) als Standort der Rechner sowie Laptops (6 Prozent) oder offen zugängliche Arbeitsplätze (10 Prozent) bildeten noch die Ausnahme. An einem Drittel der Schulen existierten ausserdem Internetarbeitsplätze, die den Schülerinnen und Schülern nicht zugänglich waren.

Österreich
Zur Situation in Österreich findet sich auf dem Netz die folgende Zusammenstellung, welche die Internet-Anbindung österreichischer Schulen im Vergleich zwischen 1997 und 1999 darstellt:

Schulen mit Internet	Schulen Insgesamt	15.12.1997 in %	21.6.2000 in %
Volksschulen	3397	7	34,5
Hauptschulen	1181	34	73,5
Sonderschulen	329	11	44,3
Polytechnische Schulen	171	30	74,0
Berufsschulen	198	30	76,9
Allgemeinbildende höhere Schulen	327	66	96,7

Vgl. die Website: http://www.bmuk.gv.at/psin/asnues.htm

Die Darstellung belegt einen sehr starken Anstieg der Internet-Anbindung, wobei dieser in den höheren Schulstufen besonders ausgeprägt erscheint.

Eine erste Zwischenbilanz
Vergleicht man die internationalen Resultate miteinander, so ist als Resultat festzuhalten, dass die USA und Kanada in der flächendeckenden Ausstattung mit Computern gegenüber dem deutschsprachigen Raum immer noch im Vorsprung sind. Allerdings werden bei uns überall grosse Anstrengungen gemacht, mit diesen Ländern gleichzuziehen. Grossbritannien ist bereits weit fortgeschritten, aber auch in Deutschland und Österreich sind die Anstrengungen intensiviert worden. Was allerdings auffällt, ist die Tatsache, dass die Ausrüstung mit internetfähigen Computern und die qualifizierte pädagogisch-didaktische Nutzung des Internets nicht gleichzusetzen sind. Sogar in den USA nutzen bei weitem nicht alle Lehrkräfte, welche über Computer und Internetanschlüsse verfügen, diese Infrastruktur regelmässig und auch in den deutschsprachigen Ländern ist trotz aller bildungspolitischen Verlautbarungen der Durchbruch noch lange nicht erfolgt. Auf inhaltliche Fragen zur Nutzung von Computer und Internet in der Schule werden wir im weiteren Verlauf dieses Berichtes ausführlich zurückkommen – nachdem wir im Folgenden erst noch die Situation in der Schweiz beleuchten.

2. Die Situation in der Schweiz

Auch in der Schweiz gibt es gegenwärtig eine Reihe von Initiativen, um möglichst alle Schulen mit Computern und Internet-Anschlüssen auszustatten. Einerseits handelt es sich um eine anfangs 2001 angekündigte Bundesinitiative (in Zusammenarbeit mit der Privatwirtschaft), dann aber auch um eigene Anstrengungen einzelner Kantone. Und wie immer in unserer extrem föderalistischen Bildungslandschaft unterscheiden sich die kantonalen Strategien stark (Mac oder PC, Formen der Vernetzung, Integration in die Lehrpläne etc.). Aber auch der Stand der Entwicklung ist sehr unterschiedlich.

Was die eingangs erwähnte Bundesinitiative betrifft, so hat das Bundesamt für Berufsbildung und Technologie (BBT) ein Projekt «Public Private Partnership – Schulen ans Netz» lanciert, um die ICT-Infrastruktur an den Schulen in allen Regionen durch eine breit abgestützte Aktion zu verbessern. Bund, Kantone und Privatwirtschaft wollen dafür 100 Millionen Franken bereitstellen. In einer Pressemeldung vom April 2001 heisst es: «Von den heute in der Schweiz rund 90'000 tätigen Lehrerinnen und Lehrern sind erst etwa 15 000 soweit ausgebildet, dass sie die ICT in den Unterricht integrieren können. Allein um die Hälfte des Lehrpersonals für die Nutzung der vielfältigen Internet-Dienste und der Bildungssoftware zu qualifizieren, müssten in den nächsten Jahren 30 000 bis 40 000 Lehrerinnen und Lehrer weitergebildet werden. Zwischen den Kantonen, Regionen und Schulstufen bestehen in der Ausrüstung mit ICT zudem grosse Unterschiede. Seitens der Wirtschaft sind zurzeit Swisscom, IBM, Apple sowie Yellowworld (Die Post) im Projekt engagiert.»

Auf diesem Hintergrund soll nun versucht werden, einen Überblick über den gegenwärtigen Stand der Ausrüstung mit Computern und Internetanschlüssen zu geben. Allerdings ist die Datenlage relativ unübersichtlich. Allgemeine Angaben zur Computernutzung im Bildungsbereich sind zwar über das Bundesamt für Statistik auf dem Internet abrufbar. Das Datenmaterial zu den dort publizierten «Indikatoren zur Informationsgesellschaft» geht jedoch auf das Jahr 1995 zurück. Angesichts der rasanten Entwicklung im ICT-Bereich sind fünf Jahre eine zu grosse Zeitspanne, um daraus für die aktuelle Situation gültige Schlüsse ableiten zu können. Da sich die Daten zudem auf den Bereich der Sekundarstufe II beziehen, ist nur ein kleines Segment der Schulen repräsentiert.

Etwas neuere Daten aus einer empirischen Befragung präsentieren Süss/Giordano (2000) in der Zeitschrift *MedienPädagogik*, die Teil des international vergleichenden Forschungsprojektes «Children, Young People and the Changing Media Environment» ist, an welchem 12 europäische Länder beteiligt sind. Befragt wurden 1049 Kinder und Jugendliche im Alter von 9–16 Jahren. Danach wird der Computer von knapp der Hälfte (46%) der Befragten in der Schule benutzt, wobei viele dieser Computer über ein CD-ROM-Laufwerk verfügen (4 von 10, also 38 Prozent der Befragten, nutzen ein solches Gerät in der Schule).

Ein wichtiges Ergebnis dieser Studie ist es, dass die Nutzung von Computern in der Schule stark vom Alter der Befragten abhängt: «Rund ein Viertel der 9- bis 10-Jährigen nutzt in der Schule einen Computer. Bei den 12- bis 13-Jährigen steigt dieser Nutzungsanteil leicht an, nutzen doch in dieser Altersklasse 4 von 10 einen Computer in der Schule. Erst bei den 15- bis 16-Jährigen scheint die Computernutzung in der Schule alltäglich geworden zu sein, benutzen doch rund drei Viertel der Jugendlichen dieser Altersklasse einen Computer in der Schule» Süss/Giordano (2000, S. 8).

Ein zweites Hauptergebnis betrifft die regionale Verteilung der Computernutzung in der Schweiz. Danach benutzen 4 von 10 Deutschschweizern einen Computer in der Schule. Bei den Befragten aus dem Tessin sind es dagegen 5 von 10. Am besten sind die Westschweizer Jugendlichen ausgestattet, nutzen doch in dieser Region 6 von 10 Heranwachsenden einen Computer (vgl. Süss/Giordano 2000, S. 8).

Dennoch sind auch diese Resultate drei Jahre später mit Vorsicht zu geniessen. Denn einzelne Kantone machen in den letzten Jahren grosse Anstrengungen, um Schulen mit Computern und Internetanschlüssen auszurüsten, wobei z.T. versucht wird (z.B. in Basel-Stadt und in einem gegenwärtig allerdings erst in Planung befindlichen Konzept der Stadt Zürich) die Schulen flächendeckend zu vernetzen.

Zum Stand der ICT-Einführung in einzelnen Kantonen haben wir im Folgenden einige öffentlich zugängliche Daten – z.B. veröffentlicht in Presseinformationen oder in den News der Schweizerischen Fachstelle für Informationstechnologien im Bildungswesen (SFIB) – zusammengestellt. Eine gute Quelle dazu ist auf dem Internet die Adresse: http://www.educa.ch/dokumentation/situation/index.html. Die nachfolgende Darstellung ist allerdings exemplarisch und beansprucht keine vollständige Übersicht über die Kantone für sich:

– Im *Kanton Aargau* sind 84% der Gemeinden am Internet angeschlossen. Alle Oberstufen verfügen durchschnittlich über zwei Computer pro Klasse. Der Lehrplan «Integrierte Informatik» ist seit dem Schuljahr 1997/98 obligatorisch in Kraft. Vom Ausbildungsstand her wurden rund 7000 Lehrkräfte in 600 Kursen auf die neuen Aufgaben der Integration von ICT-Technologien im Unterricht ausgebildet.

– Der *Kanton Basel-Stadt* hat alle Schulen und Schulstandorte vernetzt, so dass jedes Schulhaus über zwei sogenannte NIKT-Corner (je einer für Schüler/innen und Lehrkräfte mit durchschnittlich je 3 Multimedia-Computern und Internetanschluss) verfügt. Damit ist im Rahmen des Projektes «Neue Informations- und Kommunikationstechnologien at Basel» (NIKT@BAS) an über 60 Standorten ein Netzwerk von 651 Computern geschaffen worden.

– Laut amtlichem Schulblatt des *Kantons Bern* sind mehr als 420 bernische

Schulen am Internet angeschlossen. Dies entspricht einem Anteil von 49, 5 Prozent aller Schulen. 300 davon benutzen E-Mail, 105 verfügen über eine Homepage. 270 benutzen Internet im Unterricht.

- Im *Kanton Luzern* soll bis zum Ende des Schuljahrs 2001/02 in jedem Schulhaus der Primarschule und der Sekundarstufe I den Lehrpersonen und den Lernenden mindestens ein Multimedia-PC mit Internetanschluss im öffentlichen Bereich zur Verfügung stehen. Bis 2005 soll jedes Klassenzimmer über einen Computer verfügen. Allerdings ist die Situation der Gemeinden sehr unterschiedlich: Nach Charles Vincent, Vorsteher des Amts für Volksschulbildung Luzern hat sich in einigen Gemeinden viel, in anderen gar nichts getan. So heisst es in einem Artikel der *Neuen Luzerner Zeitung* vom 9. Januar 2001: «Tatsache ist, von den 4000 Computern, die bis 2005 in den Primarklassenzimmern des Kantons Luzern idealerweise stehen sollen, gibt es derzeit rund 700 Stück.»
- In den Schulen des *Kantons Neuenburg* sollen bis 2005 alle Schulen vernetzt werden. Ein Kredit von 11 Millionen Franken wurde im Februar 2001 vom Kantonsrat gutgeheissen. Gleichzeitig mit der Vernetzung soll ein pädagogisches Konzept ausgearbeitet werden, in welches der Multimedia-Bereich integriert ist.
- Im *Kanton Obwalden* sind alle Schulen über Glasfaserkabel ans Internet angeschlossen worden. Dies hängt damit zusammen, dass das Elektrizitätswerk Obwalden um eine Konzession für den Betrieb von Telekommunikationsdiensten via Glasfaser beim Bundesamt für Kommunikation (BAKOM) nachsuchte. Die darauf erfolgende Konzessionserteilung wurde von einem kostenlosen Anschluss der Schulen an das Glasfasernetz abhängig gemacht.
- Im *Kanton St. Gallen* sollen bis zum Jahr 2005 schrittweise sämtliche Schulen mit der notwendigen ICT-Infrastruktur ausgestattet werden. Parallel dazu läuft die Ausbildung der Lehrkräfte zum Einsatz der neuen Medien im Unterricht. Das Konzept Informatik des Erziehungsdepartementes sieht vor, neben Lehrerarbeitsplätzen und den in Oberstufenzentren bereits vorhandenen Informatikzimmern pro Schulzimmer einen vernetzten Computerarbeitsplatz mit Internetzugang einzurichten. Diese festen Stationen werden durch eine bestimmte Anzahl mobiler Computer ergänzt, welche im Unterricht situativ eingesetzt werden können. Im Konzept Informatik heisst es zur Einbindung in das Unterrichtsprogramm: «Angesichts der gesellschaftlichen und kulturellen Entwicklungen wird erwartet, dass Computer als Arbeits- und Lerninstrumente in den Unterricht sämtlicher Schulstufen integriert werden. Für diesen Einsatz stehen – ausser auf der Oberstufe – keine speziellen Lektionen zur Verfügung. Computer erschliessen neue Informationsquellen, sind Werkzeuge für die Informationsverarbeitung und Mittel zur Wissensvermittlung. Neben der Qualität der Software sind vor allem die

pädagogische Grundhaltung und die Fachkompetenz der Lehrkraft für den Unterricht entscheidend» (aus: Konzept Informatik in der Volksschule des Erziehungsdepartements St. Gallen, St. Gallen, Januar 2001)
- Im Kanton Zürich wurden die Primar- und Sekundarschulen im Jahr 2000 nach der Informatikintegration befragt (Lüscher, Wirtensohn 2001), wobei der Rücklauf fast 100 Prozent betrug.

Aus der Befragung geht hervor, dass den 3575 Primarschulklassen in den 466 erfassten Schulhäusern 4316 Computer zur Verfügung standen, also durchschnittlich 1,2 Computer pro Schulklasse (dies gegenüber 0,6 Computern pro Schulklasse in der Umfrage des vorangehenden Jahres: vgl. dazu Bucher 1999). Diese Werte liegen indessen unter den Empfehlungen der Bildungsdirektion, die 2 bis 4 Computer pro Klasse anstreben. Insbesondere heben die Autoren auch hervor, dass die Bandbreite der Werte für die Computerdichte zwischen den Schulen noch gross sei. Insgesamt verfügten erst 30 Prozent aller Primarschulhäuser über die empfohlenen zwei bis vier Geräte pro Klasse. Vom Standort her zeigt sich eine Tendenz, die Computer in den Schulzimmern zu integrieren: von den genannten 4316 Computern sind 3534 in den Schulzimmer untergebracht. Was das Alter der Geräte anbetrifft, sind 15 Prozent älter als sechs Jahre und 61 Prozent neuer als drei Jahre. Das Verhältnis zwischen MacOS und Windows lautet dabei insgesamt 3:2. Deutlich wurden in der Umfrage zudem hohe Weiterbildungsbedürfnisse, die allerdings im technischen Bereich etwas geringer sind. So heisst es im Bericht: «Am deutlichsten erscheint der Nachholbedarf im methodisch-didaktischen Bereich. Nicht weniger als 47 Prozent melden hier grosse, weitere 32 Prozent mittlere Weiterbildungsbedürfnisse an» (Lüscher, Wirtensohn 2001, S. 26).

Ein etwas anderes Bild ergibt die Situation in den Oberstufenschulen. Hier entsprechen die Werte den Empfehlungen der Bildungsdirektion, die 2 bis 4 Computer pro Klasse vorsehen. Den 1609 Oberstufenklassen in den erfassten 155 Schulhäusern stehen 4506 Computer zur Verfügung, was einem Durchschnitt von 2,8 Computern pro Schulklasse entspricht (gegenüber 2,4 ein Jahr zuvor). Lediglich 23 Schulhäuser liegen noch unter dem empfohlenen Wert.

Von den 4506 Computern der Oberstufe sind knapp zwei Drittel (2932) fest in einem Computer- oder Medienraum installiert, knapp ein Drittel (1305) stehen den Schülerinnen und Schülern im Klassenzimmer zur Verfügung – also ein gerade umgekehrtes Verhältnis wie in der Primarschule. Von den 4506 Computern sind 19 Prozent älter als sechs Jahre und 40 Prozent neuer als zwei Jahre. Nur gerade 19 Prozent der neueren Geräte stehen den Schülerinnen und Schülern im Klassenzimmer zur Verfügung oder sind flexibel einsetzbar. 91 Prozent der Geräte benutzen MacOS als bevorzugte Plattform (auch hier ein eklatanter Unterschied zur Situatio n auf der Primarschulstufe).

Was die Tauglichkeit für Multimedia-Applikationen betrifft, so sind im Jahr 2000 fast 80 Prozent aller Computer mit einem CD-ROM-Laufwerk ausgerüstet. Von den Primarschulhäusern haben fast zwei Drittel einen Zugang zum Internet. Bei den Schulen, die mit Computern ausgerüstet sind, sind es sogar 88 Prozent. Dabei handelt es sich bei zwei Dritteln der Zugänge um Einzelanschlüsse, die meist nur den Lehrkräften zur Verfügung stehen. Die übrigen Anschlüsse sind Mehrfachzugänge, die auch von Schülerinnen und Schülern genutzt werden. Bei den Oberstufenschulhäusern sind es über 80 Prozent, die einen Zugang zum Internet haben. 1997 war es erst ein Viertel gewesen. Bei 14 Prozent der Zugänge handelt es sich um Einzelanschlüsse, die meist nur den Lehrkräften zur Verfügung stehen; die übrigen Internetanschlüsse sind Mehrfachzugänge, die auch von Schülerinnen und Schülern genutzt werden können.

Zusammenfassend fällt auf, wie unterschiedlich der Stand in den einzelnen Kantonen ist. Allerdings belegen diese Zahlen auch, dass die schweizerische Bildungslandschaft bei der Ausrüstung zahlenmässig weit hinter wie in den USA oder Grossbritannien zurückliegt. Es zeichnet sich jedoch ab, dass immer mehr Kantone grosse Anstrengungen machen, um möglichst alle Schulhäuser mit einer ICT-Infrastruktur (einschliesslich Internet-Zugang) auszurüsten. Dabei sind die Investitionen, die getätigt werden z.T. beträchtlich. Ein Schüler-Computerverhältnis von 1:5 (4–5 Computer pro Klasse), wie es angestrebt werden müsste, liegt indessen meist noch in weiter Ferne.

Immerhin wird in einer Pressmitteilung der Schweizerischen Konferenz der kantonalen Erziehungsdirektoren vom 25. Mai 2001 darauf hingewiesen, dass sich während der nächsten vier Jahre die kantonalen Investitionen für Impulsprogramme im ICT-Bereich – auf allen Schulstufen – gemäss einer Umfrage des Generalsekretariats schätzungsweise auf 800 Millionen Franken belaufen werden. In praktisch allen Kantonen seien ein oder mehrere Impulsprogramme zur Integration der ICT in die Schulen geplant. Allein die Stadt Zürich, welche mit ihrem Projekt «Kits for Kids» alle Schulen vernetzen will, rechnet für diesen Zweck mit Kosten in der Höhe von 27 Millionen Franken.

Schon 1999 hat der Dachverband Schweizer Lehrer und Lehrerinnen (LCH) versucht, die notwendigen Investitionen – allein für Primarschule und Sekundarstufe I – zu beziffern (siehe die Informationen auf: http://www. lch.ch/Medien/Aktuell/informatikwueste.htm). In seiner Hochrechnung, die für die Schweiz von 7340 Schulhäusern mit 1'081'800 Schüler/innen ausgeht, kommt er auf erstmalige Investitionskosten von 560 Millionen Franken. Jährlich seien zudem in den folgenden Jahren 240 Millionen Franken (Betriebs- und Folgekosten) aufzuwenden. Auf einen Zeitraum von vier Jahren macht dies insgesamt einiges mehr als die von den Kantonen vorgesehenen 800 Millionen Franken aus (auch wenn ein Teil der Erstinvestitionen – sofern die Geräte im Rahmen der neuen Konzepte noch brauchbar sind – bereits früher getätigt wurden). Zudem erscheint die Hochrechnung des LCH eher konservativ, so dass die Realkosten eher höher liegen dürften. Mit anderen Worten: Trotz der geplanten Bildungsoffensiven im Bereich von ICT bewegen sich die dafür in der Schweiz vorgesehenen Mittel am unteren Limit.

Vor allem erscheint es wichtig, dass nicht allein in die technische (Erst-)ausrüstung investiert wird, sondern dass – wie es die Hochrechnung des LCH andeutet – den Folgekosten genügend Beachtung geschenkt wird. Wie entscheidend von Anfang an der Einbezug einer über die Kosten der technischen Infrastruktur hinausreichenden Gesamtsicht ist, soll im folgenden Kapitel beschrieben werden.

3. Die Berücksichtigung der «Total Costs of Ownership» (TCO)

Wir haben bisher vor allem den Faktor der Ausstattung mit Computern und Internet-Anschlüssen in den Mittelpunkt unserer Überlegungen gestellt. Gleichzeitig deuten allerdings die Nutzungszahlen, die in verschiedenen Untersuchungen enthalten sind, darauf hin, dass Ausstattung und Nutzung nicht unbedingt linear zueinander anwachsen bzw. dass sich eine verbesserte Ausstattung nicht automatisch in eine verstärkte Nutzung umsetzt. Gesichert ist lediglich die Binsenweisheit, dass eine entsprechende Ausstattung mit Informatik-Mitteln Voraussetzung ist, damit eine schulische Nutzung überhaupt möglich wird. Denn wo keine Computer vorhanden sind, kann auch nicht mit ihnen gelernt werden ...

Darüber hinaus ist nicht zu unterschätzen, dass die Ausrüstung mit Hardware zeitgemässen Standards entsprechen sollte. So haben sich jene Initiativen der Industrie oder der öffentlichen Verwaltungen wenig bewährt, welche ihre alten Geräte in die Schulen auslagern wollten, um diese damit in ihren Informatikbemühungen zu unterstützen. Wer alte DOS-Computer oder Geräte mit 486er-Prozessoren in vermeintlicher Grosszügigkeit an Schulen abgibt, hat wenig mehr erreicht als eine kostengünstige Entsorgung überalterter Hardware. Denn Multimedia-Lernprogramme und grafikorientierte Benutzeroberflächen, aber auch Anwendungen wie digitaler Videoschnitt – erfordern leistungsstarke Geräte, grosse Festplatten und schnelle Prozessoren. Für Schüler/innen und Lehrkräfte wirkt es indessen demotivierend, wenn viele Programme, die man privat problemlos benutzen kann, in der Schule nicht oder sehr schlecht laufen.

Sparen ist jedoch nicht nur aus diesem Grund eine problematische Devise. Denn wer darauf setzt, tendiert oft dazu, allein die Kosten für Hard- und Software zu budgetieren – was allein schon – je nach Grösse des Projekts – mehrere Millionen an Investitionen bedeutet. Wenn man Computer in die Schulen einführt, genügt es indessen nicht, sich allein um die Kosten für die technische Infrastruktur zu kümmern. Der von Analysten der amerikanischen Gartner Group eingeführte Begriff der «Total Costs of Ownership» (TCO) macht deutlich, dass auch die Folgekosten der Geräteanschaffungen zu berücksichtigen sind: neben den reinen Hardware- und Infrastrukturkosten sind also auch Support und Wartung, sowie Ausbildung einzubeziehen. So betont etwa die *Web-based Education Commission* des amerikanischen Senats in einem ähnlichen Sinn: «Technologie ist teuer, und das webbasierte Lernen bildet hier keine Ausnahme. Ausgaben im Bereich der Technologie enden nicht mit der Vernetzung der Schule oder des Campus, der Anschaffung von Computern oder dem Aufbau eines lokalen Netzwerks. Diese stellen nur den Anfang dar» (*Web-based Educational Commission* 2000 S.115). Dabei können die Ausgaben für die neben der reinen Hard- und Software anfallenden Kosten – bei Berücksichtigung aller Realkosten – letztlich durchaus mehr als die zwei Drittel der Gesamtkosten eines solchen Projektes betragen.

Wenn ein Kanton z.B. flächendeckend Computer einführt, fallen zusätzlich Kosten an für:
– technischen Support und Wartung der Geräte/ Netze;
– jährlichen Ersatzkostenanteil für die technische Infrastruktur (auf dem Hintergrund, dass die Geräte aufgrund der schnellen technologischen Entwicklung nach fünf bis sechs Jahren ersetzt werden müssen);
– pädagogischen Support bzw. evtl. Aufbau einer Fachstelle;
– Weiterbildungsmassnahmen für Lehrkräfte;
– Aufbau eines Kaders an den Schulen und dessen Qualifizierung;
– Qualifizierung der Lehrkräfte im Rahmen von Weiterbildungsmassnahmen;
– Einführung entsprechender Lehrinhalte in die Grundausbildung für Lehrkräfte.

Besonders wichtig sind dabei die Weiterbildungsmassnahmen – und dies auch dann, wenn sich immer mehr Lehrkräfte den reinen Umgang mit Computern bereits ausserhalb der Schule angeeignet haben – also privat schon zu den regelmässigen Computernutzern gezählt werden können. Denn Erfahrungen zeigen, dass zwischen einer generellen Kompetenz im Umgang mit Computern und Internet sowie spezifisch pädagogisch-didaktischen Kompetenzen zu unterscheiden ist. So ist es eher unwahrscheinlich, dass vorhandene Gerätschaften im Unterricht sinnvoll eingesetzt werden, wenn nicht gleichzeitig pädagogisches und didaktisches Know-how im schulischen Umgang mit ICT-Mitteln vermittelt werden. Diese Hauptthese soll im Folgenden anhand der gegenwärtig zugänglichen Studien zur Computernutzung im deutschsprachigen Raum differenziert belegt werden.

4. Die ungenügende Nutzung der Computer

In der Schweiz hat die von uns durchgeführte Evaluation des Projektes NIKT@BAS im Kanton Basel-Stadt diesen Sachverhalt bestätigt. Der von einem effizienten Projektmanagement vorgenommene Aufbau eines vernetzten Systems und erste – mehr an allgemeinen Grundkompetenzen orientierte – Informatikkurse, die von rund 2000 Lehrkräften besucht wurden, führten keineswegs bereits zu einer entsprechend intensivierten Nutzung der neuen Möglichkeiten im Unterricht. Vielmehr heisst es im Schlussbericht: «Da an vielen Orten die Hardware erst seit wenigen Monaten zur Verfügung steht, ist es nicht überraschend, dass viele Lehrkräfte noch wenig Erfahrungen mit dem Einsatz des Computers im Unterricht haben. Dennoch hatten wir nicht erwartet, über alle Schulstufen hinweg eine so geringe unterrichtliche Nutzung des Computers und des Internets anzutreffen» (Kern/Moser/Paulin 2000, S. 70).

Deutlich wird dies z.B. innerhalb einer Befragung der Informatikverantwortlichen an den einzelnen Schulstandorten. Auf die Frage, wie häufig das Internet durch die Schüler/innen genutzt werde, ergab sich über alle Schulstufen hinweg die folgende Verteilung der Antworten:

Fast ununterbrochen	5 Prozent[1]
mehrmals täglich	4 Prozent
mehrmals wöchentlich	13 Prozent
mehrmals monatlich	23 Prozent
fast nie	55 Prozent

Inhaltlich ergab die Untersuchung zudem, dass dort, wo das Internet genutzt wird, das gezielte Suchen im Mittelpunkt steht. Ebenfalls werden Surfen auf dem Internet und die selbständige Erarbeitung von Unterrichtsstoff häufig genannt. Der Bericht kommt in diesem Zusammenhang zum Schluss: «Die Tatsache, dass die Suche von Informationen im Mittelpunkt steht, zeigt, dass es noch relativ einfache Anwendungen sind, die beim Internet-Gebrauch im Mittelpunkt stehen. Komplexere Aufgaben mit Hilfe des Internets zu bearbeiten, trauen sich offensichtlich nur wenige Lehrer/innen zu» (Kern/Moser/Paulin 2000, S. 25).

In den mit Schüler/innen durchgeführten Gruppeninterviews wird gleichzeitig bemängelt, dass die Mehrheit der Lehrer/innen nicht genügend Kompetenzen besässen, um mit dem Computer zu unterrichten. Dies wird schwerpunktmässig vor allem in den höheren Schulstufen zum Ausdruck gebracht, wo die Schüler/innen z.T. äussern, die Lehrkräfte hätten Angst davor, dass am Computer etwas Ungeplantes passiere (Viren, Abstürze, Aufruf problematischer Internet-Angebote). Sie bedauern, dass einige Lehrpersonen, die computermässig nicht so «draus» kämen, sich nicht von den Schüler/innen helfen liessen.

Auf Nutzungsschwächen – vor allem im Internetbereich – deutet aber auch der Zürcher Bericht zur Informatikintegration. So halten Lüscher/Wirtensohn fest: «Kommunikative Anwendungen wie beispielsweise E-Mail und das Internet werden nur vereinzelt genutzt. Dies hängt auch damit zusammen, dass das Internet in den Schulzimmern der Primarstufe noch kaum Eingang gefunden hat und lediglich jedes sechste Primarschulhaus vernetzt ist» (Lüscher/Wirtensohn 2001, S. 289). Aber auch in der besser ausgerüsteten Oberstufe werden Internetrecherchen nur von 10 Prozent der Lehrkräfte häufig in den Unterricht integriert.

Generell sind es in der Primarschule weit unter 20 Prozent jener 65 Prozent der Zürcher Primarlehrkräfte, die Schülercomputer zur Verfügung haben, welche die Geräte in verschiedenen Einsatzsparten «oft» benutzen (Lernprogramme immerhin 17 Prozent). In der Oberstufe scheint der Computer wenigstens bei einem Teil der Lehrkräfte gut verankert. Immerhin sind es in vielen Einsatzbereichen noch rund die Hälfte der Lehrer/innen, welche die Geräte selten bis nie einsetzen (noch bei Standardprogrammen rund ein Drittel). Angesichts der langen Tradition, welcher der Computereinsatz auf der Oberstufe bereits hat, scheint dies dennoch ein recht alarmierendes Zeichen.

Dass Schüler/innen – wie in Basel – mit der Anwendung von Computern in der Schule sowie im Besonderen mit der Internetnutzung nicht immer zufrieden sind, ist kein spezifisch schweizerisches Problem. So veröffentlichte die Bertelsmann Stiftung Resultate einer Umfrage mit über 5000 Schüler/innen, Eltern und Lehrkräften aus Nordrhein-Westfalen. Danach sind 75 Prozent der Schüler/innen mit der Internetnutzung in den Schulen unzufrieden, 55 Prozent waren sogar sehr unzufrieden damit (vgl. die entsprechende Meldung vom 23.2.2001 auf http://www.bertelsmann-stiftung.de/press/item.cfm?lan=de&nId =1&aId=2756). Wenig anders im Tenor ist das Ergebnis einer vom Informationsdienst des Instituts für deutsche Wirtschaft resümierten Befragung von 1000 Schüler/innen und 350 Lehrkräften, die im Sommer 2000 vom Institut für Demoskopie in Allensbach durchgeführt worden war. Über die Hälfte der Jugendlichen gaben darin an, dass ihre Lehrer/innen erhebliche Schwierigkeiten im Umgang mit technischen Geräten hätten. Lediglich rund 28 Prozent der Schüler/innen bescheinigten ihren Lehrern, die Errungenschaften des Kommunikationszeitalters sicher zu beherrschen (vgl. iwd, Informationsdienst der deutschen Wirtschaft, Köln, Ausgabe 3, vom 18. Januar 2001).

Aus der Evaluation zur deutschen Bildungsinitiative «Schulen ans Netz» (SaN) werden ebenfalls durchzogene Ergebnisse berichtet. So ergaben sich in der Dortmunder Begleituntersuchung insbesonders grosse Unterschiede zwischen den Klassenstufen: «Nur ein knappes Fünftel der Schulen mit Sekundarschule I nutzte das Internet in den Klassenstufen fünf und sechs, immerhin mehr als 85 Prozent in den Stufen sieben bis zehn und durchgängig in der Sekundarstufe II» (Weinrich/Schulz-Zander 2000, S. 585). Bezüglich der Fächer zeigte sich eine Konzentration im informationstechnischen Bereich, im Wahlpflicht- und im Sprachenbereich. Der gesellschaftswissenschaftliche Bereich, die Medienerziehung sowie Mathematik und Naturwissenschaften folgten danach. Weniger genannt wurden der musisch-künstlerische Bereich und Religion, Philosophie und Ethik. Was die Internetdienste betrifft, so beschränkte sich die Nutzung in den meisten Fällen auf E-Mail und das World Wide Web. Nutzungsschwerpunkte waren dabei die Recherche und die Kommunikation.

Ähnliche Ergebnisse berichten Scholl/Prasse aus ihrer SaN-Teilevaluation, die Fallstudien an 16 Gymnasien der neun Bundesländer und zwei Gymnasien in West-Berlin umfasste. Ihre Befragung zur Internetnutzung der Schüler ergab, dass insgesamt ca. 30 Prozent regelmässig das Internet benutzen; für schulische Themen seien dies jedoch nur noch etwa 18 Prozent. Den Internetanschluss der Schule nutzten immerhin rund 1/3 der Lehrkräfte für die Unterrichtsvorbereitung, allerdings nur ca. 10 Prozent relativ regelmässig für den Unterricht. Darüber hinaus gebe es weitere 44 Prozent der Schüler/innen, die bis zur zehnten Klasse einmal oder gelegentlich das Internet in der Schule nutzen konnten.

Die Autoren heben dabei hervor, dass auch die Qualität der bisher durchgeführten Internet-Projekte stark schwankte. Vor allem seien qualitativ hochwertige und innovative Projekte eher die Ausnahme. Grösstenteils wird – ähnlich wie es Weinrich/Schulz-Zander berichten – das Internet eher für kleinere Recherche- und E-Mail-Projekte genutzt (vgl. Scholl/Prasse 2000).

Um den Blick auf die deutschsprachigen Länder zu vervollständigen: Auch aus Österreich wird nach Werner Stangl, der elektronisch alle 260 Schulen mit eigener Homepage befragte, Ähnliches berichtet. So kommt er zwar in seiner Auswertung der gewonnenen Daten zum Ergebnis, dass die Nutzung des Internets an Schulen im Vergleich zu einer ersten Untersuchung im Jahr 1997 in der Einschätzung der Befragten an Intensität zugenommen habe. Doch er schränkt im gleichen Atemzug ein: «Viele der Angaben beziehen sich jedoch auf die Nutzung ausserhalb des Unterrichts (etwa durch Schüler/innen in Pausen oder der Freizeit), wobei manchmal beinahe «neidisch» auf die privaten Zugangsmöglichkeiten verwiesen wird. Nach wie vor gibt es eine grosse Streuungsbreite hinsichtlich der Ausstattung der Schulen, die vom einzelnen nur wenigen zugänglichen Rechner bis zu technologisch hochgerüsteten Schulen – meist einschlägigen Fachschulen – reicht» (Stangl 2000 a, S. 2).

Kritisiert werde von den Befragten, so Stangl, das Fehlen methodisch-didaktischer Konzepte. Damit aber bleibe die Nutzung des Internets vor allem den traditionellen Fächern wie Informatik und EDV vorbehalten. Nur in wenigen Fällen werde es auch in «technologiefernen» Fächern wie Sprachen, Geschichte oder Musik eingesetzt. Allerdings konstatiert Stangl eine gewisse «Aufweichung der Fronten», was möglicherweise darauf zurückzuführen sei, dass das Medium im Alltag in beinahe allen Lebensbereichern präsent sei und somit seine Möglichkeiten unübersehbar «demonstriere».

Angesichts solcher Befunde, die auch in der Öffentlichkeit die Runde machen, erhalten Meldungen wie die folgende besondere Presse-Publizität: «Nach Ansicht des zuständigen Landrats Berthold Gall (CDU) aus dem hessischen Main-Taunus-Kreis sollten immer die Kompeteneren die Wissensbedürftigen unterrichten. Und das seien in Sachen Computer nun einmal die Schüler. Aus diesem Grund hat sich Gall die ungewöhnliche Aktion ausgedacht, die in diesen Tagen startet. Fast 60 Lehrer haben sich für die Kurse des Projekts ‹Teach your Teacher› (unterrichte Deinen Lehrer) angemeldet» (vgl. http://www.rp-online.de/news/multimedia/allgemein/teach_your_teacher.html).

Hinter der journalistischen Pointe steckt indessen eine ernsthafte Fragestellung, nämlich wie man Kompetenzen von «Power Usern» auf der Schüler/innen-Seite im Rahmen der Organisation Schule besser nutzen könnte. «Teach your Teacher» ist in Deutschland im Rahmen von «Schulen ans Netz» zu einer an vielen Orten praktizierten Fortbildungsstrategie geworden, die durchaus wirksam sein kann. Schliesslich wollen sich die Lehrkräfte im Rahmen des Rollentausches vor ihren Schüler/innen nicht blamieren. Allerdings stösst sie dort auf Grenzen, wo es nicht allein um die Vermittlung von technischen Grundkenntnissen sondern um die pädagogisch-didaktische Qualifizierung von Lehrkräften geht. Denn die im Unterricht erforderlichen Strategien und Konzepte sind nicht einfach identisch mit der souveränen Beherrschung von Hardware, Betriebssystem und Programmen. Somit ist es auch nicht möglich, sich in dieser Hinsicht auf das Know-how der Power User unter den Schüler/innen abzustützen.

Die pädagogisch-didaktische Qualifizierung
Die Schwierigkeit, pädagogisch mit dem Internet zu arbeiten, bestätigen die Angaben der Informatikverantwortlichen im Rahmen der NIKT@BAS-Evaluation. Auf die Frage, wie viele Lehrkräfte die speziellen Computer-Corner für die Lehrer/innen nutzten, ergab sich für die einzelnen Standorte folgende Verteilung der Antworten:

	Häufigkeit der Antworten (in %)
0–20 % der Lehrkräfte nutzen die Lehrer-Corner	38
20–40 % der Lehrkräfte nutzen die Lehrer-Corner	42
Mehr	19

Die Häufigkeitsverteilung widerspiegelt die Tatsache, dass immer mehr Lehrkräfte das Internet für persönliche Zwecke oder zur eigenen Unterrichtsvorbereitung nutzen. Es ist zudem zu vermuten, dass eine durch die Befragung nicht erfasste Anzahl zuhause über einen Computer verfügt und diesen für private Zwecke einsetzt.

Zu diesem Ergebnis kontrastiert die Nutzung der NIKT-Corner für den Unterricht:

	Häufigkeit der Antworten (in %)
0–20 % der Lehrkräfte nutzen die Lehrer-Corner	79
20–40 % der Lehrkräfte nutzen die Lehrer-Corner	17
Mehr	4

Diese zweite Tabelle lässt den Schluss zu, dass nicht alle Lehrkräfte, die für sich selbst den Computer als Arbeitsmittel entdeckt haben, es wagen, diesen auch im Unterricht einzusetzen. Offensichtlich führen technische Grundkenntnisse im eigenen Umgang mit Computern nicht dazu, dass man es sich zutraut, den Computer auch im eigenen Unterricht einzusetzen.

Auf den Punkt bringt die damit verknüpfte Problematik der Bericht der amerikanischen Kommission des Kongresses zur *Web-based Education*, worin es wörtlich heisst: «Die Vermittlung technischer Grundkenntnisse allein ist nicht genügend. Eine kürzliche Umfrage durch die *National Education Association* (NEA) hat ergeben, dass die meisten Lehrkräfte über gewisse Fertigkeiten im Umgang mit Computern verfügen. 94 Prozent der NEA-Mitglieder und 95 Prozent jener unter 35, sind fähig, im Web zu surfen. Allerdings bedeutet Vertrautheit nicht schon gleichermassen professionelles Können. Die meisten von ihnen wissen nämlich nicht, wie sie die Fähigkeiten im Unterricht anwenden könnten» (*Web-based Commission* 2000, S. 40). Es müssen also dazu Kenntnisse kommen, wie man die technischen Mittel sinnvoll in die Gestaltung von Unterrichtsprozessen integriert. So betont Lukas Müller in seinem Projektbericht aus dem Kanton Aargau: «Damit eine qualitative Verbesserung des Unterrichts eintritt, genügt es nicht, sich als Lehrende auf den Neuigkeitswert des Mediums abzustützen. Lehrpersonen müssen das Potential des Mediums auf technischer Seite ebenso kennen wie auf pädagogischer» (Müller 1999).

Man kann sich diese zusätzlichen pädagogisch-didaktischen Anforderungen leicht am Beispiel einer Lehrperson klar machen, die einen Grundkurs in Textverarbeitung durchlaufen hat und nun begonnen hat, die eigene Korrespondenz und Arbeitsblätter für die Schule auf dem Computer zu schreiben. Die damit erworbenen Fähigkeiten helfen noch wenig, wenn es darum geht, Text-

verarbeitung bei den eigenen Schüler/innen einzusetzen und Fragen zu beantworten wie:
- Welches sind geeignete Schreibanlässe, die mit dem Computer bearbeitet werden können?
- Wie organisiere ich mit meinen drei Computern im Klassenzimmer einen Unterricht, der es allen Schüler/innen ermöglicht, während einer Woche in einem ausreichenden Mass mit dem Computer zu arbeiten?
- Welche Lernsoftware ist für den Deutschunterricht geeignet?
- Wie weit ist es notwendig, Kindern explizit Fähigkeiten im Bereich des Umgangs mit der Textverarbeitung zu vermitteln, oder reicht es aus, auf einen impliziten Erwerb von Fähigkeiten zu setzen.
- Wie baue ich ein Projekt auf, in welchem das Schreiben von Texten – z.B. für eine Projektzeitung oder Projektpräsentation integrierender Bestandteil ist.

Solche pädagogisch-didaktischen Fragen entscheiden über die in der Literatur häufig geäusserten Hoffnungen, die mit dem Computer als einem Instrument der qualitativen Veränderung des Unterrichts verbunden sind. So erhofft man sich, dass dadurch das Lernen vermehrt in die Hände der Schüler/innen übergehe, die selbständig im Internet recherchierten – während die Lehrkräfte stärker als Lernbegleiter/innen fungieren und nicht mehr im traditionellen Verständnis als Vermittler/innen von Unterrichtsstoff (vgl. Moser 2000, S. 250).

Lehrkräfte, die den Computer in diesem Sinne einsetzen, müssen mit Unterrichtsformen vertraut sein, welche selbständiges und schülerorientiertes Lernen ermöglichen – bzw. sie müssen sich solche didaktischen Konzepte aneignen – z.B. Formen des Werkstattunterrichts oder des Wochenplans, wo Schüler/innen verstärkt Verantwortung für das eigene Lernen übernehmen. Erst solche Arbeitsformen und nicht schon der technische Umgang mit ICT-Mitteln ermöglichen eine Auflösung der frontalunterrichtlichen Klassensituation bzw. die Nutzung des Computers für Zwecke einer verstärkten Individualisierung des Unterrichts.

Denn grundsätzlich kann man Computer auch ganz anders einsetzen: mit Zusatzaufgaben für Schüler/innen, die in einem frontalunterrichtlichen Konzept den Lernstoff schneller bewältigen und nun die Zeit überbrücken müssen, bis die langsameren Schüler/innen an demselben Punkt angelangt sind, als Drill-Maschine beim Üben, als Belohnung für besonders gute Schüler/innen etc. Deshalb gilt wohl eher, dass neue Lernformen dort durch die elektronischen Medien gut unterstützt werden, wo sie bereits praktiziert werden: Wo Lehrer/innen solche Unterrichtmethoden bereits pflegen, könnte man vermuten, motiviert der Computer, diese noch entschiedener einzusetzen und vielleicht sogar intensiver damit zu arbeiten. Ob Lehrkräfte, welche stärker frontalunterrichtlich arbeiten, dadurch aber automatisch veranlasst bzw. «gezwungen» werden, neue Formen eines stärker individualisierten Unterrichts zu erproben, ist zu bezweifeln (vgl. Moser 1999, S. 18). Eher ist es so, dass sie ihn als Lückenbüsser nutzen und damit zu einem Randmedium machen. Die Integration des Computers in den Unterricht erfordert deshalb die Vermittlung von didaktischen Anregungen und Modellen sowie die Möglichkeit, im Rahmen von Weiterbildungsmassnahmen angeleitete Erfahrungen zu machen, wenn der Unterricht durch den Einsatz der ICT-Mittel nachhaltig verändert werden soll. Nur wo es gelingt, die traditionellen Unterrichtsmuster aufzubrechen, können ICT-Mittel jene Potentiale entfalten, die ihnen Mitzlaff bereits für die Grundschule zuschreibt, nämlich «die spezifische Kombination spielähnlicher Handlungsformen mit ernsthaften, lebens- und erwachsenennahen Tätigkeiten, die für den besonderen Reiz der Arbeit mit dem Werkzeug Computer mitverantwortlich zu sein scheint» (Mitzlaff 1997, S. 16).

Die positiven Auswirkungen auf das Unterrichtsklima
Obwohl die Nutzung des Computers im Unterricht vielerorts noch in den Anfängen steckt, wäre es falsch, den hier dargestellten Bestrebungen, die Schulen ans Netz zu bringen, jede Wirksamkeit abzusprechen. Denn es finden sich in verschiedenen Untersuchungen auch eine ganze Reihe von Belegen für positive Effekte – vor allem bei jener (zugegebenermassen noch kleinen) Minderheit von Kollegen und Kolleginnen, welche die Computer bereits häufig und engagiert nutzen.
Renate Schulz-Zander, die in der Dortmunder Evaluation von «Schulen ans Netz» engagiert ist, berichtet über Ergebnisse einer Lehrerbefragung (n=248)

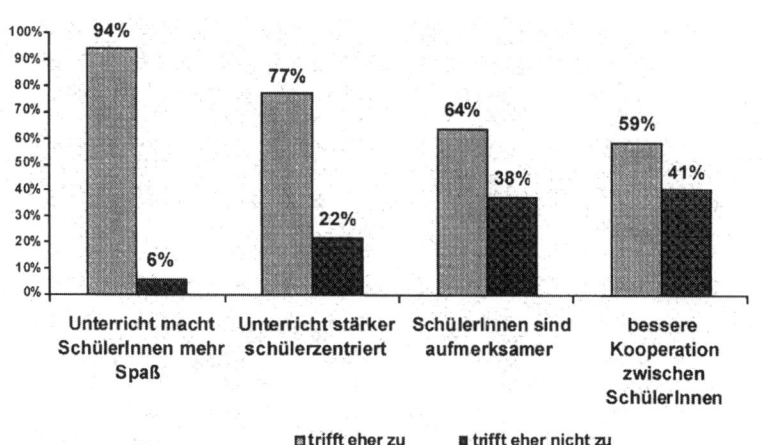

Lehrerbefragung: Erfahrungen mit IKT-Einsatz im Unterricht (n=248)

Aussage	trifft eher zu	trifft eher nicht zu
Unterricht macht SchülerInnen mehr Spaß	94%	6%
Unterricht stärker schülerzentriert	77%	22%
SchülerInnen sind aufmerksamer	64%	38%
bessere Kooperation zwischen SchülerInnen	59%	41%

© Institut für Schulentwicklungsforschung, Universität Dortmund zu den Erfahrungen mit dem ICT-Einsatz im Unterricht, in welcher aufgezeigt werden konnte, dass die Lehrkräfte durch den Einsatz von neuen Medien eine positive Veränderung im Unterricht erfahren hätten: Den Schülern und Schülerinnen mache der Unterricht mehr Spass, der Unterricht sei schülerzentrierter, Schüler seien aufmerksamer und kooperierten besser (Schulz-Zander 2000, S. 7). Diese Aussage verdeutlicht die Tabelle auf Seite 34 unten).

Ähnliche Ergebnisse finden sich in der Basler NIKT@BAS-Evaluation. Die in verschiedene Items aufgegliederte Frage, was sich im Unterricht durch den Einsatz der Computer verändert hätte, wurde von den Informatikverantwortlichen wie folgt beantwortet:

10. Wie hat sich der Unterricht durch den Einsatz von Computern verändert?					
Percentage indicates total respondent ratio and parenthesis indicate actual number.	1 stimmt genau	2 stimmt teilweise	3 schwierig zu sagen	4 stimmt weniger	5 stimmt gar nicht
1. Die Schüler und Schülerinnen arbeiten selbständiger.	4% (2)	28% (13)	46% (21)	11% (5)	11% (5)
2. Die Technik ist wichtiger als die Inhalte.	2% (1)	35% (16)	17% (8)	26% (12)	20% (9)
3. Es wird konzentrierter gearbeitet.	4% (2)	39% (18)	35% (16)	9% (4)	11% (5)
4. Die Zusammenarbeit zwischen den Schülerinnen und Schülern wird gefördert.	11% (5)	39% (18)	24% (11)	7% (3)	17% (8)
5. Der Computer ist oft wichtiger als die Lehrperson.	0% (0)	15% (7)	20% (9)	26% (12)	37% (17)
6. Die Schüler und Schülerinnen arbeiten motivierter als vorher.	17% (8)	46% (21)	24% (11)	11% (5)	2% (1)

Besonders deutlich kommt in den Aussagen der Basler Informatikverantwortlichen zum Ausdruck, dass die Zusammenarbeit zwischen den Schülerinnen und Schülern gefördert wird bzw. dass der Computereinsatz geeignet ist, Schülerinnen und Schüler zu motivieren. Das von Schulz-Zander berichtete Argument, dass der Unterricht dank ICT-Einsatz stärker schülerzentriert geworden sei, findet in der Basler Untersuchung allerdings weniger engagierte Befürworter/innen.

Die in der Untersuchung von Schulz-Zander am höchsten abschneidende Aussage, wonach die Arbeit mit Computern im Unterricht Spass mache, kann in der Basler Untersuchung indirekt bestätigt werden. Insbesonders in den Gruppeninterviews mit Schülern und Schülerinnen kommen dort ähnliche Äusserungen vor. So heisst es dazu im Schlussbericht: «In Sachen Vorteile waren sich die Schüler/innen hingegen einig:

P15: Schüler/innen 15:5 (30:31) ‹Mit dem Computer zu arbeiten macht generell Spass; v.a. auch weil es etwas Neues ist›.

Diese Aussage war eigentlich fast überall zu hören, auch wenn in der Gymnasialstufe und der WBS[2] einzelne Stimmen darauf hinweisen, dass es halt schon nicht mehr so toll sei, wenn man «müsse». Die grosse Mehrheit der Schüler/innen wünscht sich aber einen vermehrten Einsatz der Computer» (Kern, Moser, Paulin 2000, S. 48).

Soziale Effekte beobachten Bruck/Geser (2000) in einem österreichischen Schulprojekt. Sie halten fest, dass ein Effekt der Mitwirkung von Lehrkräften in ICT-Projekten darin bestehe, dass das Verhältnis zu den beteiligten Klassen zumeist intensiver und persönlicher werde. Die vielen zu lösenden Probleme machten einen intensiven Austausch zwischen Schüler/innen und Lehrkräften erforderlich. Sie zitieren in diesem Zusammenhang aus einem Lehrerinterview, welches positive Auswirkungen auf die Stärkung des sozialen Zusammenhalts dokumentiert: «Weil wir wesentlich mehr Probleme zu lösen haben miteinander, und daher wie gesagt mehr zusammenarbeiten müssen. Ich lasse den Schülern mehr Freiheiten, was man eben im ‹normalen Unterricht› wahrscheinlich nicht so macht. Und ich kann mit den Schülern auch andere Sachen besprechen, weil ich den Stoff relativ rasch präsentieren kann. Und somit sind wir natürlich wesentlich besser zusammengewachsen, wir haben alles Mögliche ausdiskutiert» (Bruck/Geser 2000, S. 240).

Computer und die Problematik der Geschlechter
Verschiedene der bisher erwähnten Evaluationsstudien verweisen speziell auf die Problematik der Geschlechter. Denn es ist mittlerweile aus der Diskussion um Computer und Internet bekannt und mit Zahlen immer wieder belegt worden, dass technische Medien grundsätzlich verstärkt männliche Personen ansprechen. Fast alle allgemeinen Untersuchungen zur Nutzung von Computern und Internet weisen daraufhin, dass Frauen diese Medien weniger häufig nutzen. Zusammenfassend schreibt z.B. Marlen Landschulze: «Computererfahrungen variieren nach Geschlecht, Alter und Ausbildung: In den westeuropäischen Ländern zeigen die Mädchen vor allem während der Adoleszenz ein geringeres Interesse an Computern wie die Jungen, und Frauen besitzen weniger häufig einen Computer und verbringen weniger häufig die Zeit damit wie ihre männlichen Peers» (Landschulze 1999).

Mit Bezug auf den Bereich der Schule konstatiert die Zürcher Untersuchung zum Schulprojekt 21 aber schon für die Primarstufe den für die Autoren besorgniserregenden Tatbestand, dass die Freude der Mädchen am Lernen mit Computern im Lauf des ersten Versuchsjahres nachliess, während jene der Jungen unverändert hoch geblieben sei. Sie bezeichnen dies in ihrem Fazit als «beunruhigenden Befund» und plädieren dafür, die Mädchen beim computergestützten Lernen im Auge zu behalten. Anhand der Ergebnisse seien Mittel und Wege zu finden, um das Lernen mit Computern besser auf die Bedürfnisse und Vorlieben der Mädchen abzustimmen (Büeler u.a. 2000.S. 67).

Im letzten Satz wird angedeutet, dass solche Unterschiede auf geschlechts-

spezifische Bedürfnisse zurückzuführen seien. In der Tat gibt es in verschiedenen Untersuchungen Hinweise auf unterschiedliche Interessenlagen und Bedürfniskonstellationen. So äussert sich etwa der Aargauer Bericht «ICT im Unterricht» (Müller 1999) zu den geschlechtsspezifischen Unterschieden. Aus dem in dieser Untersuchung eingesetzten Fragebogen gehen folgende unterschiedliche Betrachtungsweisen von Jungen und Mädchen hervor:
- Für die meisten Mädchen und Jungen sind ICT und Internet wichtig.
- Mädchen machen sich mehr Gedanken über Lernvorgänge beim Arbeiten mit Internet. Sie stellten kritische Fragen zum Sinn des Internets in der Schule.
- Für Mädchen ist es markant wichtiger, das Internet bei der Lehrstellensuche einzusetzen.
- Mädchen äussern sich kritischer zu sinnlosen Surftouren.
- Für Mädchen sind die Kontaktmöglichkeiten via Internet wichtiger. Sie sind eher interessiert an interkulturellen Kontakten.
- Mehr Jungen als Mädchen äusserten sich kritisch über technische Unzulänglichkeiten im Schulzimmer (vgl. Müller 1999, S. 18).

Generell besteht ein Trend, wonach Jungen stärker technisch interessiert sind und sich für solche Aspekte stark interessieren. Mädchen dagegen finden es wichtig, dass die technischen Mitteln auf sinnvolle Weise angewandt werden. So fasst z.B. Bernad Batinic Resultate einer von Academic Data durchgeführten repräsentativen Bevölkerungsumfrage (n=3000) in Deutschland zusammen. Danach «scheinen Frauen im Internet stärker zielgerichtet Informationen zu suchen als Männer. So geben 25,3 Prozent mehr Männer (68,8 Prozent) als Frauen (43,5 Prozent) an, häufig im Internet «ungezielt zu surfen» (http://www.psychol.uni-giessen.de/~batinic/survey/ARTIKEL/KON.HTM). Sie nehmen deshalb die Technik kritischer in den Blick und können auch auf sie verzichten, wenn das gewünschte Ergebnis nicht erreicht werden kann.

Aus dem Projekt Jugendliche und Internet des Instituts für Psychologie der Universität Bern geht in einem ähnlichen Sinn hervor, dass Mädchen im Gegensatz zu den technisch orientierten Jungen einen stärker sozialen Gebrauch pflegen: «Mädchen schätzen die Möglichkeit signifikant wichtiger als Jungen ein, per Internet soziale Kontakte zu pflegen. Das in der vorliegenden Studie erfasste, eher technisch ausgerichtete Nutzenkonzept (Nutzen im Sinne von Nützlichkeit des Internet: etwas über Computer lernen, lernen zu programmieren etc.) scheint als Nutzungsmotiv tendenziell eher den Jungen als den Mädchen wichtig zu sein» (Kielholz 1998, S. 3).

Das dargestellte Benachteiligungsszenario ist durchaus ambivalent zu interpretieren: Denn offensichtlich sind Mädchen benachteiligt; es braucht bei ihnen mehr als Technikfaszination, wenn sie an den Computer herangeführt werden sollen. Auf der anderen Seite entspricht die damit perspektivisch anvisierte pragmatische Nutzungsperspektive im Umgang mit Computern jenen Bildungszielen sehr gut, welche von der Medienpädagogik im Zusammenhang mit der Einführung der Computer in die Schulen vertreten werden. Die dezidierte Umsetzung einer solchen medienpädagogischen Perspektive dürfte deshalb gerade dem Ziel einer verstärkten Mädchenförderung entsprechen.

Lerneffekte Im Rahmen des Computereinsatzes.
Eine der am häufigsten gestellten Fragen ist jene nach spezifischen Lerneffekten, die direkt auf den ICT-Unterricht zurückzuführen sind. Dies betrifft zum einen den Erwerb von Grundkompetenzen im Umgang mit Computern selber, dann aber auch die Frage, inwieweit die Anwendung von ICT-Mitteln weitergehende kognitive Effekte in einzelnen Unterrichtsfächern nach sich zieht.

Im Rahmen komplexer Unterrichtssituationen dürfte es allerdings sehr schwierig sein, den Einfluss der medialen Vermittlung auf das gesamte Unterrichtsgeschehen klar zu isolieren. Deshalb kann es nicht verwundern, dass es zu solchen Fragen gegenwärtig mehr Spekulationen als gesichertes Wissen gibt. Dennoch sollen im Folgenden einige Untersuchungsresultate zusammengefasst werden.

a) Einmal kann man sich die Frage stellen, inwieweit durch Computerunterricht basale Informatikkenntnisse bei Kindern nachhaltiger und breiter gefördert werden als dies allein durch den Umgang mit Computern im Elternhaus möglich wäre. Zudem gibt es jene Gruppe von benachteiligten Kinder, die ohne schulischen Computereinsatz keine Möglichkeiten hätte, sich in diesem Bereich Grundkompetenzen anzueignen.

Einige Hinweise zum Erwerb solcher Grundkompetenzen finden sich für die ersten Schuljahre in den bisher zwei Berichten der Evaluation des «Schulprojektes 21» im Kanton Zürich. Das «Schulprojekt 21» ist ein Pilotversuch mit über 50 Klassen der Unterstufe des Kantons Zürich (1.–3. Klasse). Gemäss Website (www. schulprojekt21.ch) geht es darum, zukunftsweisende Unterrichtsformen, teilweise Unterricht in englischer Sprache und moderne Unterrichtstechnologien für die Primarstufe der Volksschule zu entwickeln und zu erproben. Ein Teil davon ist – was uns in diesem Zusammenhang besonders interessiert – der Einsatz des Computers als Arbeitswerkzeug im Unterricht. Im Businessplan (vgl. http:// www.schulprojekt21.ch/files/businessplan.pdf) heisst es dazu: «Ab der ersten Klasse arbeiten die Schülerinnen und Schüler sowie die Lehrpersonen mit dem Computer. Sie sollen damit vertraut werden und den Computer als ‹Werkzeug› und Lernhilfe nutzen können. Die Arbeit am Computer ermöglicht bzw. unterstützt auch verschiedene Formen des individualisierenden Lernens und des Lernens in Teams. In jedem Klassenzimmer werden Zugänge zum Internet installiert» (vgl. Schulprojekt 21, 1998, S. 8f.).

Nach dem zweiten Zwischenbericht stehen pro Klasse vier bis sechs Computer zur Verfügung. Der Einsatz in Unterricht erfolgt nach einem Rotationssystem. Der Computer wird im Halbklassenunterricht aufgrund mündlicher Arbeitsaufträge eingesetzt – häufig zum Schreiben und Rechnen, sowie manchmal zum Lernen, Spielen und Zeichnen. Gemäss Bericht werden Datenbanken, Internet und E-Mail selten genutzt. Die Autoren betonen insbesondere, dass die Schülerinnen und Schüler begeistert vom computergestützten Lernen seien (Büeler u.a., S. 60).

In der Evaluation werden auch Lerneffekte eingeschätzt, die im Rahmen dieses Unterrichts stattfinden. So wird betont, dass die meisten Kinder nach einem Jahr des Lernens mit Computern Grundkenntnisse in der Bedienung des Computers erworben haben. Gemäss Aussagen der Lehrpersonen können Sie den Computer einschalten, Programme wählen, Files öffnen, diese in Ordnern ablegen, Drucken, Programme beenden und den Computer ausschalten. Ergebnisse des im Rahmen der Evaluation durchgeführten Leistungstests belegen, dass die Kinder gelernt haben, das Anwendungsprogramm *Claris Works* zur Textverarbeitung und zum Zeichnen einzusetzen. Die Autoren schreiben in diesem Zusammenhang: «Beim Schreiben konnten die meisten Kinder ohne Hilfe den Cursor setzen sowie die Shift Taste und die Zeilenschaltung bedienen. Und die Hälfte der Kinder konnte auch die Schriftgrösse selbständig verändern. Bei den anderen Stilelementen wie auch beim Frage- bzw. Ausrufezeichen waren die meisten Kinder auf Hilfe angewiesen» (Büeler u.a. 2000, S, 63). Beim Zeichnen waren die meisten Kinder gemäss dieser Untersuchung in der Lage, allein eine Ellipse, ein Rechteck und eine Gerade zu zeichnen sowie den Radiergummi zu gebrauchen.

Dies deutet daraufhin, dass Kinder durch die Anwendung des Computers im Unterricht gleichzeitig auch Grundkenntnisse im Umgang mit diesen Geräten erwerben – auch wenn die systematische Vermittlung von ausgewählten Lern- und Arbeitsstrategien, sowie das Nachdenken und Sprechen über Arbeits- und Gruppenprozesse noch wenig Beachtung fand.

b) Erfahrungen in höheren Schulstufen und die damit verbundenen Auswirkungen einer ICT-Umgebung auf das Lernen in bestimmten Unterrichtsfächern werden in der Studie «Computer, Internet, Multimedia – Potentiale für Schule und Unterricht» dargestellt, die unter der Ägide der Bertelsmann-Stiftung (1998) durchgeführt wurde. Es handelte sich um eine Kooperation zwischen zwei Schulen, der Athens Academy in Georgia und dem Evangelisch Stiftischen Gymnasium in Gütersloh. Im Rahmen einer Evaluationsstudie wurden die Auswirkungen der Medien und neuen Technologien am Beispiel der Athens Academy untersucht. Als wesentliches Ergebnis wurde von den Experten der University of Georgia eine Leistungssteigerung in mehreren Fächern festgestellt: So schnitten Schüler/innen, welche Unterrichtssoftware nutzten, in Mathematik signifikant besser als solche ab, die keinen Zugang zu computergestützten Hilfsmitteln hatten. In Biologie war die Langzeiterinnerung der Schüler, welche im Rahmen der Untersuchung von Eiweissmolekülen Internet-Techniken einsetzten, signifikant besser als bei Schülern, die traditionellen Unterricht erhalten hatten. Bezüglich des Unterrichts in der Muttersprache heisst es in der deutschen Kurzfassung des Berichts: «In einem Zeitraum von sieben Jahren erreichten Schüler, die den Computer als integralen Bestandteil des Unterrichts im kreativen Schreiben nutzten, bei einer standardisierten landesweiten Prüfung im Aufsatzschreiben signifikant bessere Leistungen als vergleichbare Gruppen» (Bertelsmann-Stiftung 1998, S. 7).

Gleichzeitig wird betont, dass die Schüler kritisches Denken sowie grössere Problemlösungsfähigkeiten entwickelt hätten. Die Technologien förderten kreative Denkansätze und ermöglichten es, dass sie sich besser mit komplexen Fragen auseinander setzen konnten. Durch die Unterrichtstechnologien seien die Schüler zu entdeckendem und eigenständigem Lernen angeregt worden; die Nutzung der Technologie habe sie in allen untersuchten Fächern in der Zusammenarbeit untereinander gefördert.

Diese Ergebnisse erscheinen beeindruckend; man kann sie als Hinweis darauf lesen, dass moderne ICT-Techniken lernfördernde Effekte beinhalten können. Dennoch muss offen bleiben, wie weit die dargestellten Ergebnisse direkt und ausschliesslich auf den Faktor «ICT-Einsatz» zurückgeführt werden können. Gerade die Aufmerksamkeit, welche im Rahmen solcher Pilotprojekte einzelnen Schulen zukommt, kann allein schon zu einem verstärkten Engagement von Schulen und Lehrkräften führen, welches positive Auswirkungen auf das Lernklima hat. Ob sich ein solcher Effekt auch hält, wenn Durchschnittsschulen mit Computern arbeiten, ist allerdings schwierig einzuschätzen.

Gleichzeitig ist zu berücksichtigen, dass sich für solche Versuche oft Schulen melden, die auch ohne Computer eine überdurchschnittliche Qualität des Unterrichts erreichen. Es ist dann eher die generelle Qualität solcher Eliteschulen, das in solchen Resultaten zum Ausdruck kommt als der «Technikeffekt».

Dennoch wollen wir nicht in Abrede stellen, dass die ICT-Medien Mittel darstellen, die es engagierten Lehrern und Lehrerinnen ermöglichen, Unterrichtsprozesse zu optimieren und kreative Denkansätze von Schülern und Schülerinnen verstärkt herauszufordern. In diesem Rahmen können Medien und neue Technologien, wie es im Bericht der Bertelsmann-Stiftung (1998, S. 21) heisst, «den Schülern zu besseren Leistungen und tieferem Verständnis verhelfen.» Doch es wird intensiver Anstrengungen bedürfen, wenn diese Potentiale – über *Best-Practice*-Schulen hinaus – flächendeckend zum Tragen kommen sollen.

Das Schulklima als Faktor der ICT-Arbeit
Die bisher dargestellten Untersuchungsergebnisse zeigen, dass eine Vielfalt von Faktoren bei der Integration von Computern und Internet in den Schulalltag zu berücksichtigen sind. Im Grunde geht es darum, die gesamte Lernkultur zu verändern, wenn die elektronischen Mittel in den Schulen erfolgreich genutzt werden sollen. Man kann dies mit der Bedeutung der Computer auf die Bürokommunikation in der Wirtschaft vergleichen. Auch dort geht es nicht allein darum, dass Computer die Schreibmaschine ersetzen, während die normalen Arbeitsabläufe wie gewohnt weiterlaufen. Vielmehr hat die «elektronische Revolution» die gesamten Arbeitsabläufe und Arbeitsprofile des Büroalltags radikal verändert – bis hin zu E-Mail-Kontakten, Videokonferenzen und elektronischen Formen der Daten- und Kundenverwaltung.

Etwas von einer solchen neuen Lernkultur spiegelt sich im Beispiel von *Best-Practice*-Schulen wieder – nämlich von Schulen, die beim Einsatz von Computern erfolgreicher als der Durchschnitt sind. So wurden in der Basler Evaluation NIKT@BAS diejenigen zwei Schulen speziell untersucht, an welchen nach den Aussagen der Informatikverantwortlichen die Computernutzung unter den Lehrkräften am höchsten war.

Ziel war es in diesem Evaluationsteil, Schulen zu finden, an denen erfolgreich mit Computern gearbeitet wird – um gleichsam ihr «Erfolgsgeheimnis» herauszuarbeiten. Im Projektbericht heisst es dazu: «Ein ganz wichtiger Unterschied im Vergleich mit vielen anderen Schulen, an denen das ganze Projekt noch sehr harzig verläuft, ist die Einstellung der betroffenen Informatikverantwortlichen und Lehrer/innen gegenüber NIKT@BAS. Das Projekt wird nicht als Gefahr oder Problem interpretiert, sondern als Chance. Es werden auf kreativem Wege Lösungen gefunden, wie die Computer in der Schule eingesetzt werden können. Es ist ein ständiges Experimentieren, wie etwas eingesetzt werden sollte» (Kern/Moser/Paulin 2000, S. 68).

Deutlich wird hier als Grundeinstellung die positive Haltung zur Arbeit mit Computern in der Schule, sowie Motivation und Engagement, um sich mit ICT zu beschäftigen. So herrschte an diesen Schulen klar die Einstellung, dass die Kinder genügend gut in die Welt der neuen Informationsmedien eingeführt werden müssten. Die Schule bietet in den Augen der beteiligten Lehrkräfte die Möglichkeit, einen zweckmässigen und verantwortungsvollen Umgang damit zu lernen. Die Lehrer/innen sehen ihre Rolle im Wandel begriffen. Es ist in der Informatik nicht mehr das vordringliche Ziel, Wissen zu vermitteln, sondern das gewonnene Wissen zu verwalten (im Sinne des «Wissensmanagements»).

Wesentlich ist aber neben der positiven Haltung des Kollegiums, dass die Schulleitung sowie die Informatikverantwortlichen als Teil einer Kerngruppe der Schule den Wandel unterstützen bzw. dessen Promotoren sind: «Ganz klar festzuhalten ist bei beiden Schulen, dass die Arbeit mit dem Computer sehr stark von engagierten Lehrer/innen abhing, insbesondere von den Informatikverantwortlichen. Diese leisten im technischen, aber auch im motivationalen Bereich einen unermüdlichen Einsatz und sorgen – oftmals auch in Überstunden – dafür, dass alles rund läuft (Kern/Moser/Paulin 2000, S. 67).

In der Berliner Evaluation zu Schulen ans Netz stellen Scholl/Prasse ebenfalls die organisatorischen Bedingungen der Einführung des Internet in die Schulen in den Mittelpunkt. Auch sie betonen die Wichtigkeit der Organisationsqualität für die Quantität und Qualität der Internet-Nutzung an Schulen. Diese sei entscheidender als die technische Ausstattung. Die Einführung der Internet-Nutzung sei keine materiell und personell klar abgegrenzte Innovation: «Es ist vielmehr der Anfang von weiteren Innovationen, die ganz verschiedene Bereiche und Aspekte der Organisation Schule betreffen. Dazu gehören veränderte Organisationsstrukturen, Kommunikationssituationen, Anforderungen an das Wissen und die Verhaltensweisen der Lehrer und schliesslich ein verändertes Selbstverständnis der Schule» (Scholl/Prasse 2000, S.2).

Ähnlich wie in der Basler Untersuchung wird festgehalten, dass eine Kerngruppe besonders wichtig ist, welche an den einzelnen Schulen ein solches Projekt trägt. Gut komme die Internet-Nutzung dann voran, wenn es im Lauf der Zeit immer mehr besonders engagierte Promotoren gebe, die sich organisierten, andere aktive Lehrer/innen und Schüler/innen aktiv in die Gestaltung des Internetarbeit an der Schule einbezögen, und die einen intensiven Informationsaustausch innerhalb ihres Netzwerks und nach aussen zu den relevanten Personen und Institutionen hätten» (Scholl/Prasse 2000, S. 10).

Insgesamt geht es also um die Frage, bis zu welchem Grad eine Lernkultur geschaffen werden kann, in welcher der Computer als Arbeitsinstrument einen klar definierten Platz hat. Dies bedeutet, dass man eine solche Entwicklung nicht einfach den individuellen Anstrengungen der einzelnen Lehrer und Lehrerinnen überlassen kann, und es reicht auch nicht aus, eine technische Infrastruktur zu schaffen – in der Hoffnung, dass diese schon deshalb benutzt wird, weil sie vorhanden ist. Vielmehr ist ein gezielter Entwicklungsprozess notwendig, der von der Schulleitung und einer Kerngruppe getragen wird. So hat die Berliner Studie gezeigt, «dass einzelne Promotoren an Wirksamkeit gewinnen, wenn sie sich in einem Projektteam (bzw. Steuerungsgruppe) organisieren, indem die drei entscheidenden Arten von Promotoren vertreten sind, nämlich technisch-organisatorische und pädagogische Promotoren sowie ein Mitglied der Schulleitung – möglichst der Schulleiter – als Machtpromotor» (Scholl/Prasse 2000, S.13).

Und die Frage der Technik...
Wenn wir in diesem Zusammenhang pädagogisch-didaktische und organisatorische Faktoren sehr stark gewichteten, so heisst dies nicht, dass die Funktiona-

lität der eingesetzten Technik ohne Belang wäre. Gerade das Basler NIKT@BAS-Projekt hat gezeigt, dass ein funktionierendes Netzwerk für die Lehrerinnen und Lehrer sehr wichtig ist. So mussten sich die Evaluatoren von Lehrkräften immer wieder anhören, dass sie das Internet deshalb nur sehr wenig nutzten, weil das Netzwerk nicht funktioniere und zuviele Abstürze vorkämen. Und auch im Bericht zum Schulprojekt 21 heisst es: «Die grösste Belastung des computergestützten Lernens sind für die Lehrpersonen die unbehebbaren Funktionsstörungen der Computer. In diesem Bereich erwarten sie im zweiten Projektjahr mehr Unterstützung durch die Leitung des SP 21» (Büeler u.a. 2000, S. 60).

Aus diesem Grund sind eine sorgfältige Wartung und der Versuch, das System möglichst von gravierenden Pannen freizuhalten, sehr wichtig. Wenn eine Lehrkraft sehr sorgfältig eine Unterrichtsstunde mit dem Internet vorbereitet hat, die Durchführung aber durch einen Absturz verunmöglicht wird, ist die Wahrscheinlichkeit gross, dass er es sich sehr gut überlegt, ob er in Zukunft Internet und World Wide Web wieder einmal einsetzen wird.

Daneben kann allerdings das Argument der Pannen auch dazu dienen, grundlegende Skepsis und Ängste zu rationalisieren. Lehrkräfte argumentieren dann, sie würden das Internet schon nutzen, wenn es funktionierte – in Wirklichkeit sind sie hingegen heilfroh, dass sie damit eine Ausrede gefunden haben, um sich der Auseinandersetzung mit den neuen Medien zu entziehen.

Oft scheinen im Übrigen auch die Ansprüche an eine funktionierende Technik überhöht. Schliesslich ist es auch am heimischen Computer eine alltägliche Erfahrung, das einmal etwas nicht funktioniert, oder dass ein Programm abstürzt. Die Skepsis gegenüber der Technik und der gleichzeitige Anspruch an deren Perfektion bilden deshalb eine merkwürdige Mischung. Zudem gibt es auch eine Tendenz, eigene Bedienungsfehler oder *error*404-Meldungen, die darauf hinweisen, dass ein Internetangebot auf dem Netz nicht mehr verfügbar ist, als «Systempanne» zu interpretieren und einem allgemeinen Faktor «technische Unzulänglichkeiten» zuzuschreiben.

Überhöhte Ansprüche an die Perfektion von ICT-Systemen und gleichzeitige Hilflosigkeit, wenn diese Ansprüche nicht erfüllt werden können, sind jedoch als Haltung für eine kontinuierliche Arbeit mit ICT-Mitteln wenig förderlich. Informatikverantwortliche an den Schulen hätten hier die Aufgabe, eine realistische Einschätzung von technischen Computerproblemen zu vermitteln. Allerdings ist daneben bei der Planung und Einführung von ICT-Systemen an den Schulen auch sicherzustellen, dass ein möglichst hoher Standard der Sicherheit vor regelmässigen Pannen, eine sorgfältige Wartung und die einfache Bedienbarkeit der Geräte gewährleistet sind.

5. Zwischenbilanz

Anhand der gegenwärtig vorliegenden Literaturstudie konnten wir zeigen, dass sich im Moment bei der Ausstattung der Schule mit Computern international eine rasante Entwicklung abzeichnet. Fast überall in den hochindustrialisierten Staaten ist es absehbar, dass in wenigen Jahren alle Schulen über eine ausreichende Infrastruktur inklusive Netzgang verfügen werden. Die Vision, wonach Computer in den Schulen in der Zukunft ein alltägliches Arbeitsmittel darstellen werden, ist damit in greifbare Nähe gerückt.

Gleichzeitig wird aber auch deutlich, dass die Verfügbarkeit der Geräte und die konkrete Nutzung an vielen Orten noch auseinanderklaffen. Wir bezeichnen dies im vorliegenden Bericht als «Technikfalle». Denn viele Politiker nehmen irrtümlicherweise an, dass es reicht, den Schulen moderne ICT-Geräte zur Verfügung zu stellen. Doch die Tatsache, dass eine Reihe von engagierten und interessierten Lehrkräften den Computer intensiv nutzt und damit faszinierende Projekte durchführt, bedeutet nicht, dass dies einer flächendeckenden Realität entspricht.

Aus diesem Grunde scheint es wichtig, dass in Zukunft Computer noch besser in die Schulkulturen integriert werden. Dies bedeutet auf der einen Seite, dass Schulleitung und ein Team von Promotoren aktive Wege aufzeigen, wie dies an der eigenen Schule möglich ist. Schon im Leitbild einer Schule sollte die Arbeit mit Computern explizit verankert sein. Daneben ist ein kontinuierlicher Erfahrungsaustausch notwendig, der zu einem gemeinsamen Lernprozess des gesamten Schulteams führt. Sonst könnte leicht jene Schere aufgehen, die Bruck/Geser (2000) beschreiben: «Demnach sollen motivierte und kompetente Lehrer/innen ihren Unterricht damit wesentlich aufwerten und reichhaltiger gestalten können, während weniger inspirierte und fähige Lehrer/innen eher negative Effekte hervorrufen» (Bruck/Geser 2000, S. 55).

In diesem Sinne betonen Scholl/Prasse (2000, S. 14) in Abhebung zur Strategie einer rein individuellen Weiterbildung, dass es erst über die Thematisierung und Interessenklärung in den Schulen möglich sei, den Prozess der Problemdefinition, der Zielbildung und Realisierung in Gang zu setzen und in Gang zu halten, so dass eine zunehmende Internet-Nutzung an der Schule mit einer darauf abgestimmten Schulentwicklung parallel läuft. In einem solchen Prozess geht es darum, nicht einzelne Aspekte herauszugreifen, sondern diese in ihrer Vernetzung zu erfassen und daran zu arbeiten: Technik, Pädagogik und Organisation des Lernens müssen parallel zueinander entwickelt werden – dies in einer Weise, wie es in den Konzepten einer «lernenden Schule» zum Ausdruck kommt.

Teil II
Computer als Teil der schulischen Lernkultur

Die Ergebnisse des ersten Teils dieses Berichts verdeutlichen auf dramatische Weise das Vorhandensein einer Technikfalle. Das Zahlenmaterial aus verschiedenen Ländern belegt: Die Ausrüstung der Schulen mit ICT-Mitteln und deren Nutzung stehen nicht im Gleichklang; letztere hinkt deutlich hinterher. Insbesondere ist es nicht ausreichend, zur Optimierung der Nutzung Kurse mit Basisqualifikationen in der Bedienung von Computern und Standardprogrammen anzubieten. Eine Ausbildung von ICT-Fähigkeiten sollte vielmehr von Anfang an in engem Kontakt mit jenen pädagogik-didaktischen Fragen erfolgen, in deren Rahmen die neuen Medien im Unterricht eingesetzt werden.

Technisches Wissen ist lediglich ein kleiner Teil der gesamten Lernkultur, in welchen eine ICT-Umgebung eingebettet ist. In dieser Hinsicht ist auch die *Web-based Education Commission* des amerikanischen Senates skeptisch. Professionelle Entwicklung von ICT-Kompetenzen werde oft als «Training» bezeichnet, aber dies impliziere sehr viel mehr als eine Ausbildung in basalen technischen Fähigkeiten: «Es bedeutet, eine Vision zu entwickeln, die auf der Einsicht basiert, dass die Technik ein Instrument ist, welches für langfristige Unterrichts- und Lernprobleme Lösungen anbieten kann. Es ist mehr als ein Wissen, wie man bestehende Praktiken automatisieren kann» (*Web-based Education Commission* 2000, S. 40). Vielmehr gehe es darum, alte Probleme des Unterrichtens mit technologischen Mitteln auf neue Weise zu lösen.

Mit anderen Worten: Medienkompetenzen reichen über Kenntnisse in der Bedienung von Computern weit hinaus; technische Grundqualifikationen sind lediglich eine von mehreren Bedingungen medienkompetenten Verhaltens. Kompetente Nutzer wissen darüber hinaus, unter welchen Bedingungen ein Medium sinnvoll anzuwenden ist, wie Medienbotschaften auf dem Hintergrund der Besonderheit eines Mediums zu lesen und zu verstehen sind, in welche soziale Beziehungsmuster es eingebunden ist etc.

Dieter Baacke charakterisiert in diesem Sinn den heutigen Menschen als aktiven Mediennutzer, der in der Lage ist (und über die technischen Instrumente verfügt), sich über das Medium auszudrücken (vgl. Baacke 1996, S. 7). Auf die Schule umgesetzt bedeutet dies, dass die ICT-Mittel für die Lehrkräfte zum Teil der Schulkultur werden – und sich Unterricht auch über einen bewussten Einsatz von Medien definiert. Lehrkräfte sind im Baackeschen Sinn aktive Mediennnutzer und können diese gezielt benutzen, um Lernarrangements zu gestalten und Schüler/innen anzuleiten, Informations- und Kommunikationstechnologien zur Unterstützung des eigenen Lernens einzusetzen.

1. Wie Medien die Organisation des Unterrichts verändern

An Schulen, welche ICT-Mittel als Arbeitswerkzeuge in ihre Lernkultur integriert haben, wird es nicht mehr so sein, dass Computer nur ausnahmsweise – vielleicht sogar lediglich in den Pausen oder für die besondere Förderung einzelner Schüler/innen zur Verfügung stehen. Vielmehr sind diese Geräte – die, wenn immer möglich, auch in den Klassenzimmern stehen sollten – ein integrierter Teil des alltäglichen Unterrichts, und dies in fast allen Fächern. Nehmen wir eine ganz gewöhnliche Lektion in Deutsch: Einige Kinder arbeiten mit Farbstiften und Tinte an einem Hefteintrag. Zwei Schüler beschäftigen sich mit einer Aufgabe eines Rechtschreibe-Übungsprogramms am Computer, wobei sich die Kinder alle 10 Minuten abwechseln. Ein Mädchen verfasst einen kleinen Text am dritten Computer, wobei es ein dazu passendes Bild einfügt, das sie selbst in einer vorhergehenden Stunde mit einer Digitalkamera geknipst und auf den Computer übertragen hat. Mit einer kleinen Gruppe, die zu einer Sitzecke gerufen wird, übt die Lehrerin gleichzeitig ein Gedicht, das in dieser Woche auswendig gelernt werden soll.

An dieser Klassensituation fällt auf, dass das frontalunterrichtliche Muster der Unterrichtsorganisation aufgelöst ist. Die Schüler/innen arbeiten einzeln und in Gruppen an unterschiedlichen Themen und Aufgaben. Bei dem einzelnen Mädchen am Computer übernimmt dieser einen Teil der Kontrolle selbst: Das Textverabeitungsprogramm korrigiert die Schülerin, wenn sie Fehler macht. Wo nämlich die Texteingabe nicht korrekt erfolgt, erscheint unter dem Geschriebenen eine rote Wellenlinie[3] – so dass die Schülerin diese Fehler selbstständig erkennen und korrigieren kann. Aber auch sonst arbeitet sie sehr autonom: Wo die Grafik nicht so im Text platziert erscheint, wie es die Autorin will, versucht sie mit *Trial und Error* die gewünschten Effekte zu erzielen, wobei der *Undo-Button* hilft, Unpassendes mit einem Mausklick rückgängig zu machen. Erst als das Mädchen überhaupt nicht mehr weiterkommt, fragt sie ihre Lehrerin um Rat.

Durch diese Entlastung kann sich die Lehrerin ganz auf die kleine Gruppe konzentrieren, mit der sie das Gedicht übt. Im zweiten Teil der Unterrichtsstunde macht sie dann ein Runde durch die Klasse und bleibt bei jedem einzelnen Schüler bzw. jeder einzelnen Schülerin stehen, um sich darüber zu informieren, wie weit die Kinder mit ihren Aufgaben gekommen sind – und sie gibt Hinweise und Hilfen, wo es notwendig ist.

Dieses Beispiel zeigt, dass der Computer nicht einfach das Lernen «technisiert», indem die Schüler/innen jetzt den ganzen Tag über vor dem Bildschirm sitzen. Solche Horrorvisionen eines technologisierten Lernens werden heutzutage höchstens noch von wenig informierten Gegnern des Computereinsatzes in den Schulen vorgebracht. Das Wesentliche ist vielmehr, dass sich in einem solchen Unterricht das Konzept des Lernens und Unterrichtens stark verändert.

So wird das alte frontalunterrichtliche Modell durchbrochen, wonach der Fortschritt des Lernens bei allen Schülern und Schülerinnen parallel erfolgt – und sich am Bild eines fiktiven Durchschnittsschülers ausrichtet. Das Bild einer solchen Klasse entspricht nicht mehr jenem einer Kolonne, die im Gleichschritt vorwärts marschiert, sondern jenem einer Werkstatt – einem multifunktionalen *Learning Space*, der gleichzeitig Raum für eine Vielzahl verschiedenster Aktivitäten gibt, die nicht mehr durch ein zentrales Programm geregelt sind, das zu einem bestimmten Zeitpunkt für alle gilt. Vielmehr sind es die Schüler/innen selbst, die Kristallisationspunkte einer Vielzahl parallel laufender Unterrichtsprozesse sind, indem sie ihre eigenen Lernprogramme verfolgen, die – wie in einem Spinnennetz – wieder mit anderen Knotenpunkten (also: den Lernprogrammen anderer Schüler/innen) verknüpft sind.

Dass ein solches Unterrichtskonzept unter der Bedingungen der heutigen Schule nicht einfach zu realisieren ist, belegt z.B. das im Kanton Basel-Land durchgeführte – und vom Autor dieses Buches begleitete – Pilotprojekt zur Primarschulinformatik. Im Zwischenbericht zu diesem Projekt wird insbesondere die Schwierigkeit festgehalten, dass ein solcher Unterricht nicht allein die Methoden kontingent setzt, die auf ein gemeinsames Ziel bezogen sind. Das heisst, es geht nicht nur darum, dass verschiedene Schüler/innen das gleiche Ziel auf unterschiedliche Weise erreichen (im Sinne einer Methodendifferenzierung, welche z.B. verschiedene Lerntypen unter den Schüler/innen individuell behandelt).

Während dies für viele Lehrkräfte schon sehr anforderungsreich ist, gehen Konzepte des autonomen Lernens noch einen wesentlichen Schritt darüber hinaus, indem nun auch die Ziele kontingent gesetzt werden. In einem solchen Unterricht werden verschiedene Schüler auch an verschiedenen Zielen arbeiten – ohne dass am Schluss dann doch wieder alles auf einen gemeinsamen Level hin orientiert ist: «Es werden also nicht mehr alle Schülerinnen und Schüler im Unterricht dieselben Ziele realisieren, sondern Ziele und eine darauf bezogene differenzielle Förderung sind individuell abzusprechen und zu vereinbaren. Dies erscheint jedoch viel schwieriger zu erreichen. Denn es werden damit – auch mental für die betroffenen Lehrkräfte – elementare Prinzipien der herkömmlichen Schule in Frage gestellt – und so ist es nicht verwunderlich, dass die befragten Lehrkräfte grosse Probleme damit haben. «Autonomes» Lernen in einem radikalen Sinn, indem z.B. für besonders begabte Schüler eigene Lernziele formuliert werden, findet in den beteiligten Klassen nirgends statt. Am Beispiel des immer wieder genannten Begriffs der «Gleichbehandlung», den die Lehrkräfte demgegenüber einfordern, wird deutlich, dass der damit verbundene traditionelle Volksschulgedanke in ihren Köpfen als Kern der subjektiven Theorien, die sich um ihre Rolle rankt, noch stark verankert ist – und dies, obwohl nach den Intentionen der auftraggebenden Erziehungsdirektion in einem veränderten Umgang mit Heterogenität der entscheidende Anstoss zum Projekt gelegen hatte» (Moser 1999, S. 22).

2. Die Veränderung der Lernkultur

Der Wandel der Lernkultur, wie er hier skizziert wurde, ist sehr einschneidend und tiefgreifend. Er hat einem doppelten Anspruch zu genügen und betrifft nicht allein die Gewohnheiten und das Alltagsverständnis von Unterricht, das herausgefordert wird. Vielmehr ist er an ein neues Konzept des Lernens gebunden, das sich dahinter verbirgt. Dieser Wandel ist insbesonders mit dem Begriff des konstruktivistischen Lernens verbunden, das in letzter Zeit – gerade im Zusammenhang mit Lernen im Rahmen von ICT-Umgebungen – verstärkte Beachtung gefunden hat. Zentral ist dabei die Abkehr von einer Vermittlungsdidaktik, nämlich von der Idee, dass Inhalte oder Verhaltensweisen direkt an Schüler/innen vermittelt bzw. auf sie übertragen werden können. Verhaltensorientierte Lerntechnologien, wie sie in den 60er-Jahren aufkamen, versuchten z.B. über das «Operationalisieren» von Lernzielen die Einheiten des Unterrichts so weit kleinzuarbeiten und beobachtbar zu machen, dass die Veränderung des Verhaltens über eine serielle Abfolge kleiner Lernschritte technisch steuerbar schien. Die erste Welle von Lerntechnologie, welche damals auf dieser Grundlage mit Stichworten wie «Programmierter Unterricht» oder «Sprachlabors» auf die Schulen zukam, wollte auf dieser Grundlage erfolgreiches Lernen technisch absichern – und erlebte letztlich ein Fiasko.

Vordergründig war dabei einmal massgebend, dass ein Unterricht, der sich an einer Abfolge unzähliger kleiner Items orientierte, schnell monoton wurde. Komplexere und weniger einfach zu formulierende höherwertige Lernziele drohten zudem auf Kosten der einfacher formulierbaren Verhaltensziele in den Hintergrund zu rücken. Neben dieser Kritik an den Wirkungen stellt sich darüber hinaus die Frage, ob ein Konzept des Lernens, das sich am Modell der berechenbaren Trivialmaschine ausrichtet, nicht zu einfach ist – indem es glaubt, vom Input her – wie bei einem Kaugummiautomaten – den Output vorherbestimmen zu können. Niklas Luhmann (1985) hat diese Überlegung in einem vielbeachteten Aufsatz in den Vordergrund gestellt und den Unterschied des Lernenden zu einer solchen Trivialmaschine in den Vordergrund gestellt. Denn die internen Prozesse der Verarbeitung des Inputs seien bei psychischen Systemen nicht voraussehbar, und es hänge mithin vom verarbeitenden System selbst ab, wie der Output beschaffen sei – manchmal ergebe sich x, dann aber möglicherweise auch einmal y oder z. In der Formulierung Luhmanns lautet das unterrichtsmethodische Dilemma deshalb wie folgt: Psychische Systeme «befragen sich selbst, was von einem Input zu halten ist und können auf den gleichen Input das eine Mal so, das andere Mal anders reagieren» (Luhmann 1985, S. 82).

Lernen aufgrund systemtheoretischer oder konstruktivistischer Überlegungen geht, wie es das Luhmann-Zitat bereits andeutet, im Kern von einem aktiv handelnden System aus, oder wie es Bernd Kiessling formuliert: «Wir Menschen sind keine trivialen Maschinen, die nach Wunsch auf Knopfdruck der Medienkommunikatoren reagieren. Wir stehen den Massenmedien nicht hilflos gegenüber, sondern wählen aus, was wir wahrnehmen und bestimmen, wie wir das Ausgewählte auf uns wirken lassen wollen» (Kiessling 1999, S. 12). Dies ist in der Formulierung zwar auf die Massenmedien (Fernsehen, Radio etc.) gemünzt, gilt im Kern aber genauso für das Lernen im Rahmen der Unterrichtskommunikation.

Mit anderen Worten: Wenn Lernen einen selbstorganisierten Prozess darstellt, dann bedeutet dies, dass die Lehrenden lediglich die Bedingungen für das Lernen schaffen. Rolf Arnold meint in diesem Sinne, dass die traditionelle «Belehrungsdidaktik» durch eine «Animationsdidaktik» abgelöst werde: «Mit anderen Worten ‚erzeugt' der Lehrer nicht mehr das Wissen, das ‹in die Köpfe der Schüler soll›, er ‹ermöglicht› – wie bereits angedeutet – Prozesse der selbsttätigen Wissenserschliessung und Wissensaneignung» (Arnold/Siebert 1995, S. 91). Wo sich der ICT-Unterricht auf diese neuen theoretischen Überlegungen einlässt, wird auch deutlich, dass die heute diskutierten Lerntechnologien mit den Konzepten des Programmierten Unterrichts der Sechziger- und Siebzigerjahre des letzten Jahrhunderts kaum mehr vergleichbar sind. Heute geht es nicht mehr darum, Lernprozesse technologisch kontrollierbar zu machen; vielmehr sollen über die ICT-Mittel neuartige Anregungspotenziale für Lernprozesse erschlossen werden.

Allerdings wäre es dennoch zu einfach, das Lernen mit Computern ausschliesslich einer konstruktivistischen Didaktik zuzuordnen. Betrachtet man z.B. CD-ROMs mit Übungsprogrammen in Mathematik und im Sprachunterricht, so findet man immer wieder auch reine Trainingsprogramme, die weniger die Neugier der aktiv Lernenden im Blick haben als den Drill und das Üben vorgegebener Inhalte. Hier gelten weiterhin jene Prämissen einer «Nürnberger-Trichter-Grammatik», die nach folgenden Regeln funktioniert:
– Der Lernstoff erscheint grundsätzlich als vermittelbar.
– Die Lehrenden (bzw. die Entwickler des Programms) wissen, was die Lernenden für die Zukunft wissen und deshalb lernen sollen.
– Die Lehrenden (bzw. die Programmentwickler) kennen den Lernprozess der Lernenden und können ihn steuern.
– Es gibt eine optimale Stoffvermittlung.

- Aufgabe des Computers ist es, die Eingaben der Schüler/innen zu bewerten.
- Aufgabe der Schüler/innen ist es, den Lernstoff aufzunehmen, indem sie auf Aufgaben «richtig» reagieren und dieses Verhalten automatisieren.
- Der Lernstoff ist ein unpersönliches Gebilde, welches den Lernenden gegenübersteht.
- Er wird durch sequentielle Verabreichung von Lernhäppchen und durch einen Lernweg, der vom einfachen zum Komplizierten führt, angeeignet (vgl. Thissen 1997, S. 3 f.)

Dennoch sollte man dieses Lernen nicht einfach als obsolet ausschliessen – auch wenn die vermeintliche Sicherheit des damit zu gewährleistenden Lernerfolgs letztlich auf den Illusionen des Modells der Trivialmaschine beruht. Es gibt indessen in der Schule immer wieder Aufgaben, wo es darum geht, etwas zu üben und sich Vorgegebenes anzueignen. In diesem Sinne bleiben Lernsequenzen durchaus legitim, die auf diesem Lernmuster beruhen. Und immerhin kann der Computer auch auf dem Hintergrund dieses Lernmodells dazu verhelfen, dem Konstrukt eines aktiven Lerners vermehrt Rechnung zu tragen: Er ermöglicht es, solche Übungsteile zu individualisieren und damit von frontalunterrichtlichem Sozialkontext bzw. von der direkten Kontrolle der Lehrenden zu lösen. Wo Lehrkräfte z.B. im Rahmen von Wochenplänen arbeiten, können sich die Schüler/innen die Arbeit selbst einteilen und festlegen in welcher Reihenfolge und in welchem Zeitrhythmus sie lernen. Letztlich können sie sich aufgrund ihres Leistungsstandes selbst Ziele setzen, die sie mithilfe des Lernprogrammes erreichen wollen.

Allerdings ist diese Form des aktiven Lernens weit entfernt von Prinzipien eines neuen Lernparadigmas, wie es Thissen (1997) aufgrund konstruktivistischer Vorstellungen postuliert. Danach ist Lernen ein aktiver Prozess der Wissenskonstruktion, d.h. der Rekonstruktion und Erweiterung menschlicher Konstrukte: «Wissensaufbau entsteht immer nur in Verbindung mit bereits vorhandenem Wissen. Was sich nicht in die vorhandene Struktur einfügen lässt, wird verworfen. Der Lerner muss beim Wissensaufbau aktiv sein, er muss Fragen stellen und sich mit dem angebotenen Material auf seine Weise beschäftigen können. Dem Lerner muss die Gelegenheit gegeben werden, etwas zu tun» (Thissen 1997, S. 6).

Wird Lernen in dieser Weise konzipiert, verändert dies auch die Rolle des Lehrenden: Da Wissen gemäss konstruktivistischen Prämissen nicht direkt vermittelbar ist, ist es für Lehrende unmöglich, ihre Kenntnisse den Lernenden direkt weiterzugeben. Vielmehr helfen diese den Lernenden, durch ihr Tun, durch Hinweise, Fragen und Informationen, selbst Wissen zu konstruieren. Im Rahmen des Lernens mit ICT-Mitteln erfolgt dabei eine zweifache Unterstützung der Lernenden: Einerseits werden Lernumgebungen entwickelt, welche die Schüler/innen – etwa im Rahmen von WebQuests – zu eigenem Tun animieren, Fragen zur Beantwortung stellen, zu eigenem Forschen und Experimentieren anregen. Auf der anderen Seite fungieren die Lehrkräfte als Berater und Coaches, die bei Schwierigkeiten Unterstützung und Hinweise geben, die auf dem Weg zu Einsichten weiterführen.

Nun wird in Zukunft der hier beschriebene zweite Weg des aktiven Lernens in der Schule zweifellos eine wichtigere Rolle spielen wie bisher. Dies hängt damit zusammen, dass sich die Gesellschaft gewandelt hat. In einer Industriegesellschaft, wie sie sich im 19. Jahrhundert entwickelt hat, stand die Produktion zuverlässiger Verhaltensabläufe, die im Sinne einer Grundbildung für alle universalisiert werden konnten, im Zentrum gesellschaftlicher Interessen. Die Fertigungsprozesse in der Industrie mussten zuverlässig und pünktlich organisiert werden, wobei der Risikofaktor des technischen Systems vor allem bei den Individuen lag, die mit diesen Systemen umgehen mussten.

In der Informationsgesellschaft mit ihren explodierenden Wissensbeständen steht viel stärker die Frage nach einer verlässlichen Wissensbasis im Mittelpunkt – dies angesichts der Flut von Informationen mit der wir täglich konfrontiert sind (von der Zeitung über Radio und Fernsehen bis hin zum Internet). Da zudem in vielen Bereichen keine klaren Kodifizierungsinstanzen mehr bestehen, ergeben sich für uns alle wachsende Orientierungsprobleme. Die Menschen können heute nicht mehr einfach gesichertes Wissen übernehmen, sondern sie müssen sich selbst eine Wissensbasis konstruieren, die es erlaubt, sich in einer «unübersichtlich gewordenen» Gesellschaft noch «sicher» orientieren und verhalten zu können. Erforderte früher die externe Welt von den Individuen Zuverlässigkeit, so stellt sich diesen heute die Notwendigkeit, diese für sich selbst intern zu konstruieren.

Konsequenzen für das Lernen im «System Schule»
Dass sich das System Schule solchen tiefgreifenden Veränderungen nicht entziehen kann, muss kaum hervorgehoben werden. Trotzdem bedeutet dies nicht, dass alle traditionellen Werte, Gewohnheiten und Erfahrungen damit mit einem Schlag ausser Kraft gesetzt werden. Das Lernen im 21. Jahrhundert wird sich deshalb auch nicht auf die Konstruktion eines Individuums zurückziehen können, das im Sinne des radikalen Konstruktivismus die gesamte Wissensbasis aus sich selbst heraus entwickelt. Vielmehr wird es nach wie vor Lernvollzüge auf den in der folgenden Darstellung genannten drei Ebenen bedürfen (wobei sich allerdings insgesamt eine Verschiebung zu den höherwertigen Formen des Lernens auf kognitivistischer und konstruktivistischer Basis ergibt). Dies veranschaulicht die nachfolgende Abbildung:

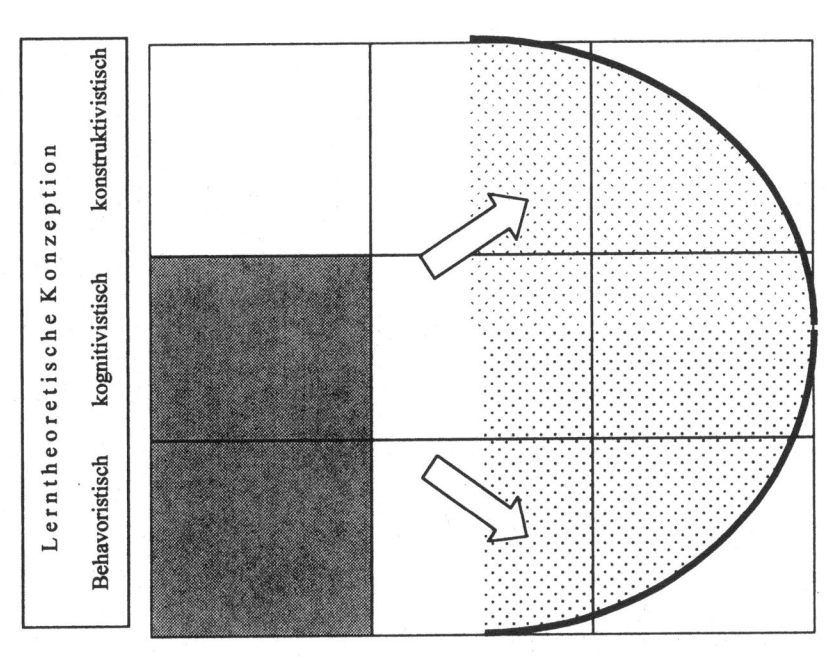

übEn/ Informationen vertiefen/anwenden erarbeiten, entwickeln
abrufen

Diese schematische Darstellung kann wie folgt erläutert werden:
Der *behavioristische Lernansatz* beruht auf der Annahme, dass Lernprozesse technisch nach dem Modell von Zweck-Mittel-Prozessen gestaltet werden können. Für den Lehrenden ist zum Vorneherein klar, was die Lernenden zu lernen haben. Durch geeignete Massnahmen wie Lob kann Verhalten verstärkt werden, wodurch die «richtigen» Verhaltensweisen häufiger geäussert werden. Man wird also z. B. am Computer Rechnungen oder Grammatik üben, man setzt ein Puzzle richtig zusammen, bzw. es werden im Multiple-choice Verfahren Aufgaben gestellt etc. – wobei die Schüler/innen bei «richtigen» Antworten gelobt und ermutigt werden.

Kognitivistische Lernstrategien betonen im Unterschied zum Behaviorismus die inneren Prozesse, die sich beim Lernen abspielen. Wesentlich ist es, dass die Lernenden geeignete Verarbeitungsweisen und -strategien benutzen, wenn sie Probleme lösen. Nach Baumgartner geht es hier darum, «richtige Methoden und Verfahren zur Problemlösung zu lernen, deren Anwendung dann erst die (eine oder mehreren) richtigen Antworten ergeben» (Baumgartner 1998, S. 7). Man würde also z. B. nicht einfach einen von der Lehrperson vorgegebenen Begriff in einem Computer-Lexikon wie *Encarta* nachschlagen lassen, vielmehr ginge es um die Entwicklung von Suchstrategien, um selbständiges Finden von Informationen.

Konstruktivisten gehen davon aus, dass es keine «objektive» Beschreibung der Realität gibt. Vielmehr konstruieren wir selbst Wissenswelten, welche unsere Fragen beantworten. Im Gegensatz zum Kognitivismus geht es nicht um das Lösen bereits präsentierter Wissensperspektiven, sondern um das selbständige Generieren von Problemen. Wesentlich wird ein autonomes und damit selbst gesteuertes Lernen, welches dem eigenen Umgang mit Problemen entstammt. Lehrpersonen sind mehr Coaches als Tutoren oder Wissensvermittler.

Diesen unterschiedlichen Lernmodellen werden in steigender Komplexität Strategien auf der didaktik-methodischen Ebene zugeordnet, vom Üben bis zum Vertiefen bzw. Anwenden und zum selbständige Erarbeiten eines Stoffes. Um dies zu veranschaulichen, ordnen wir in der folgenden Tabelle dem skizzierten Modell einige konkrete Beispiele zu.

Konstruktivistisch	Schüler und Schülerinnen erarbeiten selbständig eine Typologie der Saurier. Zwei Spitzenschülerinnen beginnen im Französischunterricht eine französische Zeitung auf dem Internet zu lesen.	Schüler und Schülerinnen vergleichen die im Unterricht behandelte Welt des Mittelalters in einem Projekt mit unserer heutigen Welt. Die Kinder führen in der Mathematik ein Lerntagebuch und vergleichen, die individuellen Regeln, die sie beim Rechnen einsetzen.	Schüler und Schülerinnen erarbeiten verschiedene Ansichten von der Welt (Weltbild vor und nach Kopernikus). In einem E-Mail-Projekt vergleichen Kinder aus den USA und der Schweiz ihr Familienleben.
Kognitivistisch	Die Kinder üben Additionen im Übergang zu den Tausender mit Hilfe einer von der Lehrperson eingeführten Regel («zuerst auf den Tausender ergänzen...» Es werden Suchstrategien im Internet vermittelt (logische Verknüpfungen in Suchmaschinen) und dazu Informationen abgerufen	Eine neue Rechenstrategie wird auf Textaufgaben angewandt. Eine geschichtliche Erkenntnis wird darauf geprüft, ob sie heute noch Gültigkeit hat. In einem Rechenprogramm wenden begabte Kinder das Gelernte auf individuell ausgewähltem Zusatzstoff an.	Aus dem Experimentieren im Physikunterricht entwickeln die Schüler und Schülerinnen das dazugehörige Gesetz. Suchstrategien im Internet werden dadurch vermittelt, dass Aufgaben gestellt werden, um ein neues Thema zu bearbeiten.
Behavioristisch	In einem Lexikon suchen die Kinder ein Stichwort, Im Programm *Blitzrechnen* üben sie die Multiplikation im Zahlenraum von Hundert.	Im Sprachunterricht üben Kinder die Rechtschreibung zusätzlicher Fremdwörter mit dem Computerprogramm	In der zweiten Klasse erarbeiten Kinder mit einem Mathematikprogramm selbständig Stoff aus der dritten, indem sie daraus Übungen intuitiv lösen. In der Geografie erarbeiten zwei Viertklässlerinnen freiwillig Grundwissen zu einem individuell ausgewählten Land (Städte, Flüsse etc.)
	üben/Informationen abrufen	Vertiefen, anwenden	Erarbeiten Entwickeln

An den Beispielen soll deutlich werden, dass es selbstverständlich sinnvoll sein kann, mit einem Computerprogramm Additionen zu üben oder einen Begriff im Lexikon nachzuschlagen. Und dies kann – wie bereits weiter oben angedeutet – durchaus dazu dienen, selbständig zu lernen. Allerdings werden die Möglichkeiten der ICT-Mittel erst dann ausgeschöpft, wenn auch die komplexeren Lernstrategien auf kognitivistischer und konstruktivistischer Basis genutzt werden – etwa beim aktiven Recherchieren im Internet oder beim selbstständigen Erarbeiten einer Wissensbasis.

Der didaktische Mehrwert
Generell muss zudem betont werden, dass der Computereinsatz in den Schulen nur dann gerechtfertigt sein wird und eine Zukunft hat, wenn sich eine der beiden von Judi Harris (1998) formulierten Fragen positiv beantworten lässt:

Wird der Gebrauch des Internets die Schülerinnen und Schüler befähigen, etwas zu tun, das vorher so nicht möglich war?

Wird der Gebrauch des Internets die Schülerinnen und Schüler befähigen, etwas besser zu tun als früher? (vgl. dazu auch: Moser 2000, S. 11).

Eine positive Antwort setzt dabei m.E. voraus, dass die neuen Informationstechnologien nicht nur als ein blosses Hilfsmittel für vorgegebene Unterrichtsprozesse betrachtet werden – indem z.B. bei der Informationssuche das «alte» Handlexikon durch die Suchmaschine im Internet ersetzt wird, oder indem man einen Brief per E-Mail anstatt per Post verschickt. Die didaktischen Möglichkeiten des Einsatzes von Informations- und Kommunikationstechnologien werden erst dann in ihrer vollen Tragweite ersichtlich, wenn man darin Lernumgebungen sieht, in denen schulisches Lernen eine neue Qualität erhält.

Wie dieses Lernen aussehen könnte, ist verschiedentlich beschrieben worden. Insofern es sich um mächtige Instrumente des Wissensmanagements handelt, wird in der Literatur immer wieder deutlich gemacht, dass dies mit der Betonung eines selbständigen und schülerzentrierten Lernens verbunden sei. So spricht Nicola Döring gegenüber dem traditionellen Stoffvermittlungs-Paradigma der Schule von einem Problemlösungs-Paradigma, welches nicht das Lehren sondern das Lernen in den Mittelpunkt stellt und den Unterrichtsteilnehmern die Rolle von aktiv Handelnden zuweist, die sich durch das Bearbeiten und Besprechen von Fallbeispielen und Projektaufgaben Wissen selber aneignen (Döring 1997).

Mit anderen Worten: es wird in informationstechnischen Lernumgebungen eine Form des Lernens wichtig, bei welcher Lernende aktiv in den Prozess der Konstruktion von Wissen und Bedeutungen einbezogen sind – dies einem passiven Aufnehmen von Informationen entgegengesetzt. In einer theoretischen Perspektive werden damit die bereits vertieft dargestellten konstruktivistischen Überlegungen wichtig, wie sie Gray zur modellhaften Darstellung eines dementsprechend gestalteten Unterrichts benützt: Danach ist ein «konstruktivistisch orientierter Lehrer» fähig, die sich entwickelnden Erfahrungen im Unterricht auf flexible und kreative Weise in die Unterrichtsplanung einzubeziehen und Raum zu geben für die Lernprozesse, die sich dabei entwickeln (vgl. Gray 1997).

Ein nach solchen Prinzipien modellierter Unterricht geht von folgenden Prämissen aus, die a) den Lernenden und b) das didaktische Arrangement betreffen:

a) Für den Lernenden bedeutet ein solcher Unterricht:
- Wissen kann nach eigenen Regeln entdeckt werden;
- Das Lernen erfolgt aus der Perspektive der betroffenen Schüler und Schülerinnen;
- die Schüler und Schülerinnen erscheinen als aktive Lerner;
- Lernen ist mehrperspektivisch verankert; die Lernenden stellen unter den verschiedenen Ressourcen vielfältige Bezüge her;
- Die Schüler und Schülerinnen sollen möglichst selbständig arbeiten;
- Lehrende sind vor allem Lernbegleiter;
- die Ziele des Unterricht sind in den Konstruktionsprozess einbezogen, liegen also nicht zum Vornherein fest (vgl. Brandl 1997).

b) Aus didaktischer Perspektive ist für einen Unterricht, der solchen Überlegungen folgt, ein Ansatz wichtig, der sich davon löst, allen Schülern dieselben Informationen vermitteln zu wollen bzw. dieselben Aufgaben zu stellen. Im Sinne Grays (1997) geht es um einen «transaktionalen» Ansatz, in welchem die Schülerinnen und Schüler aktiv aus ihrer eigenen Situation heraus Einsichten entwickeln, Fähigkeiten demonstrieren und Fertigkeiten üben. Letztlich bedeutet dies für die Lehrkräfte, nicht allein methodendifferenziert zu unterrichten (indem dasselbe Ziel je nach Lerntyp bzw. individuellen Lernvoraussetzungen unterschiedlich erreicht werden soll). Vielmehr ginge es darum, auch zieldifferenziert zu unterrichten, also Raum zu geben für individuell unterschiedliche Zielperspektiven, welche Schüler/innen und Lehrkräfte miteinander vereinbaren. Möglichkeiten dazu wären etwa:
- Arbeiten mit Lernsoftware nach individuell vereinbarten Zielsetzungen;
- Textverarbeitung zur Produktion individueller Texte;
- Projektarbeit mit unterschiedlichen Gruppenzielen etc.

3. Unterrichtsbeispiele für das Lernen mit Computern an der Volksschule

Zur Verdeutlichung dessen, was heute bereits von engagierten Lehrkräften im Unterricht beispielhaft realisiert wird, stehen im Folgenden drei Beispiele aus der Praxis. In den beschriebenen Unterrichtsarrangements werden die Computer vermehrt im Sinne der oben genannten kognitivistischen und konstruktivistische Zielperspektiven eingesetzt. Das heisst: Es geht hier nicht allein um kurze Übungsphasen oder den Drill von bestimmten vorgegebenen Fertigkeiten (wie es zum Beispiel beim Mathematik-Programm «Blitzrechnen» mit den Grundrechenarten möglich ist). Vielmehr wird der Computer hier gebraucht, um die didaktischen Möglichkeiten von Werkstattunterricht zu erweitern, das Konzept des forschenden Lernens verstärkt in den Unterricht einzubeziehen oder Wissenswelten zu erarbeiten und im Netz zu präsentieren.

Das kleine Gespenst – Werkstattunterricht in der Primarschule
Die Primarschullehrerin Ursula Hänggi aus dem schweizerischen Kanton Schaffhausen hat in einem Aufsatz in der Zeitschrift *Schweizer Schule* beschrieben, wie sie den Computer im Rahmen einer Unterrichtswerkstatt für die 2. Klasse einsetzte – zum Thema des Kinderbuches *Das kleine Gespenst*. Sie schreibt dazu: «Das Thema liegt längst auf der Hand, denn das Buch habe ich in den letzten Tagen vorgelesen. Meine Schüler lieben das kleine Gespenst heiss und inniglich. In einer Ecke des Schulzimmers haben wir die Gespensterecke eingerichtet: Ein grosses Spinnennetz mit der dazugehörenden Spinne – die im Laufe der Werkstatt ganz viele, selbst gebastelte Spinnenkinder bekommen wird –, eine Truhe mit 13 alten Schlüsseln, ein Teppich, viele Kissen und die Sachbücher vervollständigen die Themenecke» (Hänggi 1998, S. 13).

Die Werkstatt dauert insgesamt drei Wochen und bezieht sich auf alle Unterrichtsstunden (mit wenigen Ausnahmen wie Turnen). Die Kinder können sich ihre Arbeitszeit selbständig einteilen; doch es gilt die Regel, dass niemand weniger Unterrichtsstunden besuchen darf, wie es der normale Plan vorsieht. Und es besteht ein spezieller «Gespenster-Werkstatt-Stundenplan». Insgesamt besteht die Werkstatt aus 40 Aufträgen aus allen Bereichen (Sprache, Gestalten, Rechnen) und der Möglichkeit, zusätzlich eigene Ideen umzusetzen.

Innerhalb dieses Rahmens ist der Computer ein Arbeitsmittel, das Ursula Hänggi regelmässig in die Durchführung ihres Werkstattunterrichts integriert. Sie schreibt dazu: «Wie in jeder Werkstatt sind auch alle Computer – ausser während der Klassenstunden – eingeschaltet. Die Schüler arbeiten völlig selbstbestimmt und selbständig daran. Im Prinzip ist die Handhabung der Programme bekannt, da die meisten Lernprogramme die Kinder während der ganzen Schulzeit bei mir begleiten» (Hänggi 1998, S. 14).

Die Lehrerin beschreibt darauf in Ihrem Aufsatz, wie sie einzelne Programme (Stand 1997/1998) in ihre Werkstatt einbezieht. So benutzt sie das Programm *Creative Writer* – ein einfaches Textverarbeitungsprogramm für Kinder – zur Herstellung eigener Texte. Erstaunlich schnell seien die Schüler/innen in der Lage, abzuschätzen, ob es sich lohne, einen Text mit der Hand oder mit dem Computer zu schreiben: Tatjana «sucht in der Klasse nach einer Kollegin, die dazu ebenfalls Lust hat. Da alle anderen aber beschäftigt sind, setzt sie sich alleine ans Gerät und schreibt ihre Geschichte» (Hänggi 1998, S. 14).

Oder Hülya: Sie sei sich bewusst, dass ihre Rechtschreibung noch nicht «optimal» sei. Deshalb schätze sie es, wenn sie ihre Geschichte mit dem Computer schreiben könne. Anschliessend korrigiere sie den Text mit der «Korrigier-Biene», Weil dieses Tier aber nur wenige Begriffe kenne und zudem das scharfe ß liebe, gehe sie als Lehrerin die Texte mit jedem Kind durch. Hänggi zieht aus diesen Schreiberfahrungen das Fazit: «Sobald der Ausdruck erfolgt ist, hat auch der Schüler mit einem tieferen Leistungsniveau ein ansprechendes Erfolgserlebnis in der Hand ohne entmutigende Korrekturanweisungen meinerseits und ohne den Hinweis, das Ganze jetzt ins ‹Reine› zu schreiben» (Hänggi 1998, S. 15).

Ein weiteres Programm, das Ursula Hänggi im Unterricht einsetzte, ist *Max und das Schlossgespenst*. Darin muss Max, die Hauptperson, dem Schlossgespenst bei der Suche nach seiner Leibspeise, den gelben Socken, helfen. Er betritt dabei verschiedene Gemächer des Schlosses, erlebt lustige Situationen und sucht die gelben Dinger, wobei die Spieler/innen sie durch Anklicken am richtigen Ort zu finden haben. Hänggi kommentiert: «Und was lernen die Schüler dabei? Fragen Sie mich nun vielleicht. Nun ja, sie lernen, dass rote Socken nicht gelb sind... ähm, das können sie schon? Dann vielleicht hilft es beim Frühfranzösisch oder Frühenglisch? (Das Spiel kann «fliessend» von Deutsch in Englisch oder Französisch wechseln.) – Ach so, das lehren Sie nicht! Ach ja, jetzt hab ich's. Der feinmotorische Umgang mit der Maus wird geschult! Ob ich Sie ‚verkohlen' will... Natürlich nicht! Das Spiel ist reinstes Entertainment und lockt (durch das fröhliche Lachen und Kommentare meiner Kinder) – dank der stets offenen Schulzimmertüre – die Kollegen fragenden Blickes aus den Nebenzimmern. Und das soll ernsthaftes Lernen sein? Denken sie, schütteln den Kopf und gehen weg. Naja, es muss natürlich nicht sein! – Dennoch lohnt es sich, Spiele im Unterricht auszuprobieren – vielleicht gerade ‹contre coeur›» (Hänggi 1998, S. 19).

Beispiel: E-Mail mit Vogelexperten
Die amerikanische Primarschulen-Lehrerin Jessica G. Morton berichtet in Ihrem Buch (Portsmouth 1998), wie sie mit ihren Kindern Internet-Projekte durchführt. Sie berichtet: «Der Computer piepst. Die Kinder schauen kurz von ihrer

Arbeit auf; irgendjemand kündigt an: ‹E-Mail!› Und zwei Schüler/innen gehen zum Computer hinüber. Sie klicken mit der Maus, schauen auf den Bildschirm und wenden sich zu mir: ‹Es ist von Peter und Billie Ann!› berichten sie uns, und sie bereiten sich darauf vor, zwei Kopien des Briefes, den unsere Klasse eben empfangen hat, auszurucken. Diese Freunde aus Wien (Österreich) sind eben von einer Vogelbeobachtungs-Reise nach Botswana zurückgekehrt, von wo sie zwei Postkarten schrieben, welche wir schon erhalten haben. Die beiden Kinder gehen auf den Gang hinaus und zum Drucker im Büro, dann kommen Sie wenige Minuten später zurück. Sie haben den ausgedruckten Brief in der Hand und freuen sich darauf, mehr über die Reise des Paares nach Afrika und die Vögel, die sie dort sahen, zu erfahren» (Morton 1998, S. VIII).

Jessica Morton sucht für ihr jeweiliges Jahresthema (z.B. die Vögel), das sie im Unterricht behandelt, fünf bis fünfzehn Experten aus der ganzen Welt, aus ganz unterschiedlichen Ländern wie Finnland oder Australien. Diese Experten begleiten die Kinder durch das Jahr; sie geben ihnen per E-Mail Antwort auf jene Fragen, die sich kontinuierlich aus dem Jahresthema ergeben. Manche dieser qualifizierten Helfer sind Universitätsprofessoren, andere Student/innen oder Hobby-Vogelkundler, oder sie arbeiten als Freiwillige in einem Vogelschutzgebiet mit. Alle diese Leute haben sich bereit erklärt, in diesem Jahr die Forschungen der Kinder via E-Mail zu unterstützen.

So schreibt beispielsweise Petra an einen Experten:
Sehr geehrter Herr Callender
Wie lange brüten Vögel auf ihren Eiern?
Petra

In der wenig später eintreffenden Antwort heisst es: «Das ist eine sehr gute Frage. Die Antwort lautet, dass verschiedene Vögel unterschiedlich lange auf ihren Eiern sitzen...» Der antwortende Experte kommt dann darauf zu sprechen, dass Vögel, deren Eier nur kurze Zeit ausgebrütet werden, sehr hilflose Babies haben, und dass sie deshalb nachher noch eine relativ lange Zeit im Nest bleiben müssen etc. Manchmal erhalten die Kinder auch mehrere Antworten, die einander widersprechen, die dann zu weiteren Diskussionen zwischen den Kindern bzw. den Expert/innen führen. Die Kinder seien, so Morton, fasziniert von solchen Diskussionen, die nicht einfach zu einem fertigen Resultat führten, sondern neue Fragen und vertiefte Einsichten nach sich zögen.

Den Ablauf ihrer E-Mail-Projekte beschreibt Morton wie folgt:
Wir senden jemandem eine Notiz.
Diese kommt im gleichen Moment an, an welchem sie gesendet wird.
Der Empfänger liest sie dann, wenn es ihm zeitlich am besten passt.

Die Antwort erfolgt, wenn man Zeit hat, darüber etwas nachzudenken und zurückzuschreiben.
Sie wird zu einem Zeitpunkt verfasst, wenn es zeitlich gut passt.
Wir sind erfreut darüber, die Nachricht ohne zeitliche Verzögerung lesen zu können (vgl. Morton 1998, S. 8).

Als Fazit betont Morton: Eine der wichtigsten Erkenntnisse, die sie durch dieses Projekt gewann, sei die Einsicht, dass E-Mail ein ideales Vehikel für forschendes Lernen darstellt – schon dadurch, dass es sich um eine höfliche und lockere Form der Kommunikation handle. Dieses Mittel sei gleichzeitig diskret und auf den Moment bezogen; es sei verbindlicher wie ein Telefonanruf, aber doch spontaner wie ein Brief.

Das Ziel des Einbezugs von Experten in den Unterricht wird von Morton wie folgt zusammengefasst: «Durch unsere E-Mail-Forschungen sind wir kontinuierlich einbezogen in die privilegierten, wichtigen und faszinierenden Hinterzimmer des wissenschaftlichen Forschens und Denkens – Orte, die gewöhnlich Studenten und erwachsenen Forschern vorbehalten sind. Viele unserer engagiertesten und unterhaltsamsten Gäste waren im Übrigen die Studenten selbst. Ich denke, dass es kein Zufall war, dass wir gewöhnlich so hervorragende, klare und hilfreiche Antworten von Personen erhielten, die selbst noch das Lernen als ihren Beruf betreiben» (Morton 1998, S. 10).

Beispiel: WebQuests in der Volksschule
Das Pestalozzianum Zürich schreibt im Jahr 2001 bereits zum zweiten Mal seinen Internet-Wettbewerb *WebQuest* für Lehrkräfte der Volksschule aus. Darin geht es darum, dass Schüler und Schülerinnen ein Unterrichtsthema selbstständig - unter anderem mit Ressourcen aus dem Netz - erarbeiten und die Ergebnisse wiederum als Website auf dem Netz gestalten. So gab es etwa in der ersten Austragung des Wettbewerbs Schulklassen, die Themen wie das Leben in der Römerzeit oder die Erfindung des Telefons wählten und für die Präsentation auf dem Netz aufbereiteten (vgl. Moser 2000 a, sowie die in dem Buch enthaltene CD-ROM).

In mehreren Hinsichten entsprechen WebQuests den weiter oben geschilderten Kriterien eines eigenständigen Lernens: Primäres Ziel war es, die teilnehmenden Schüler und Schülerinnen zu ermutigen, das Internet aktiv zu nutzen und selber «Wissenswelten», wie es in der Wettbewerbs-Ausschreibung genannt wurde, zu entwickeln und auf dem Netz zu präsentieren. Die aktiv von den Lernenden vorgenommene Wissenskonstruktion, bei welcher die Lehrpersonen mehr Lernbegleiter wie Stoffvermittler waren, leitete im Sinne konstruktivistischer Überlegungen die Anlage des Wettbewerbs. Dabei sollten die Schüler und Schülerinnen auch frei sein, eigene Ziele zu verwirklichen oder evtl. sogar ein eigenes Hobby zu bearbeiten und zu präsentieren (wie es z.B. bei einer Arbeit zu Modellfahrzeugen geschah).

Im didaktischen Modell der WebQuests ist aber auch eine klare Lernumgebung definiert, indem ein Arbeitsrahmen vorgegeben wird, an welchem sich die Schüler und Schülerinnen orientieren können. Das dabei leitende Konzept geht davon aus, dass Schüler und Schülerinnen schnell überfordert sind, wenn sie bestimmte Aufgaben in den Weiten des Netzes recherchieren müssen – ohne dass z.B. ein Grundstock an sinnvollen Webadressen mitgeliefert wird. Eine standardisierte Vorlage (Template) zur Gestaltung solcher Arbeitsanweisungen können Lehrkräfte vom Netz herunterladen (www.web-quest.ch). Das folgende Beispiel zeigt, wie eine solche unterstützende Hilfe aussehen kann, die durch eine klare Aufgabenbeschreibung und darauf bezogene Hinweise auf Quellen die Schülerinnen und Schüler im Rahmen eines komplexen Lehr-Lern-Arrangements erst handlungsfähig macht.

Es handelt sich um das Beispiel einer Unterrichteinheit zum Thema Luchs (Stand: Sommer 2000). Die Schüler und Schülerinnen schlüpfen in verschiedene Rollen und bearbeiten das Thema aus unterschiedlicher Interessenperspektive:

WebQuest: Der Luchs

Thema   Fragestellung   Ressourcen   Prozess   Evaluation   Präsentation

---

Thema
Soll der Luchs in der Schweiz wieder angesiedelt werden?
Es gibt verschiedene Rollen, in die man schlüpfen kann:

Fragestellung
Tierexperten: Was ist der Luchs für ein Tier?
Luchsforscher: Die Geschichte vom Luchs Tito
Jäger: Warum sie dagegen sind.
Tierschützer: Was meinen sie zum Thema Wiederansiedlung des Luchses?

Ressourcen
Zu jeder Gruppe werden einige Links und Hinweise auf zusammengestellt, z.B. aus folgenden Quellen:
- Pro Natura (http://www.pronatura.ch/seiten.html/home/deutsch.htm)
- WWF (http://www.wwf.ch/german/campaign/luchs.html)
- Zeitungen (Zeitungsartikel, Internet-Links wie: http://www.nzz.ch/online/02_dossiers/dossiers2000/wildtiere/index.htm)
- Standpunkt der Gegner (http://combi.agri.ch/diegruene/gruene/1999/3099stp.htm)
- Sachbücher zum Thema Luchs

Prozess
Jede Gruppe verfasst einen kurzen Bericht zur Frage, ob aus der Sicht der von ihnen vertretenen Rolle der Luchs wiederangesiedelt werden sollte.

Ergebnis
Es wird beurteilt, ob die wichtigsten Informationen zu den Rollen vorkommen. Die Präsentation soll verständlich und anschaulich sein.

Präsentation
Die Ergebnisse werden von jeder Gruppe als Website gestaltet. Aufgrund dieser Informationen versuchen sie, sich gemeinsam eine Meinung zu bilden.

Wesentlich ist für das Konzept der WebQuests zudem, dass die Arbeiten zum Schluss selbst wieder auf dem Netz präsentiert werden. Damit erhalten WebQuests den Charkter einer Art von «Lernspirale». Das heisst, die von den Schülern und Schülerinnen erarbeiteten Wissenswelten sollen wieder anderen Schülern für eigene Lernaktivitäten als Beispiel und Ressource zur Verfügung gestellt werden. In diesem Sinne kann bis heute auf die Arbeiten des ersten schweizerischen WebQuest Wettbewerbs von 1999/2000 zugregriffen werden (auf www.web-quest.ch; vgl. zum Konzept der WebQuests auch Moser 2000a oder die Materialien auf dem amerikanischen WebQuest-Server auf http://edweb.sdsu.edu/webquest/webquest.html).

4. ICT und die Medienkompetenz von Lehrkräften

In diesem Kapitel versuchen wir das bisher vor allem strukturell für die Organisation des Unterrichts und des Lernens Ausgesagte wiederum auf die Qualifikationen und Ansprüche an den Lehrberuf zu beziehen. Insgesamt sollte bisher deutlich geworden sein, dass es sich um ein komplexes Geflecht von Anforderungen handelt, mit denen Lehrkräfte im ICT-Bereich konfrontiert werden. Wer technisch Grundfertigkeiten im Umgang mit Computern gelernt hat, kommt damit nicht schon automatisch auf die Idee, diese Technologien für so anspruchsvolle Projekte wie Vogel-Forschungen oder zur Arbeit mit WebQuests einzusetzen. Damit wird auch verständlich, warum sich – so das Ergebnis der im ersten Teil dieses Buches dargestellten Nutzungsergebnisse – die Ausstattung mit einer Infrastruktur im ICT-Bereich nicht automatisch in eine entsprechend intensive Nutzung des Computers im Unterricht umsetzt.

Lehrkräfte, die fit für das Informationszeitalter sein sollen, benötigen nicht allein eine technische Grundqualifikation im Umgang mit Computern, sondern eine breite Palette von Medienkompetenzen. Nur so können die Schulen der

Technikfalle entgehen. Die folgende Auflistung fächert diese Kompetenzen nach drei Bereichen auf:
- technische Kompetenzen,
- kulturelle Kompetenzen,
- soziale Kompetenzen,
- reflexive Kompetenzen.

(vgl. dazu die ausführlichen Überlegungen zur Medienkompetenz in: Moser 2000, S. 213 ff.)

Technische Kompetenzen
- Einfache Wartungs- und Installierungsarbeiten an Mediengeräten vornehmen können (Batteriewechsel, Software-Installation, Behebung einfacher Störungen etc.;
- Umgang mit den Grundfunktionen von elektronischen Geräten (Hard- und Software) im Sinne von Userkompetenzen;
- Anleiten von Schüler/innen in der Bedienung der Hard- und Software – dies im Rahmen des normalen Fächerunterrichts.
- Vermittlung der Grundlogik digitaler Geräte: einfachen Programmier- und Navigierschemen (Programmieren einer Fernbedienung, Anpassung einer Textverarbeitung auf persönliche Bedürfnisse, Arbeit mit Datenbanken etc.)

Kulturelle Kompetenzen
- Offenheit und Neugier für die Angebote der neuen Medien als Teil der zeitgenössischen Alltagskultur, verbunden mit der notwendigen kritischen Distanz.
- Kompetenz, neben literaler auch auditive und bildsprachliche Informationen für den Unterricht zu nutzen;
- Betonung von Orientierungskompetenz in einer Welt der überquellenden Informationen /z.B. im Sinne des Wissensmangements);
- Kenntnisse über die Voraussetzung einer Lernkultur, die sich über konstruktivistische Formen eines stärker selbstgesteuerten Lernens definiert;
- Fähigkeit, didaktische Konzepte und Unterrichtsmethoden zu praktizieren, die den Schüler als aktiv und selbständig Lernenden in den Mittelpunkt stellen;
- Kreativ und gestaltend mit den neuen Formen der Medienkommunikation umgehen können.

soziale Kompetenzen
- Sich kompetent in mediatisierten Beziehungsformen und Kommunikationsmustern verhalten können;
- ICT-Mittel bewusst zur Steuerung von Beziehungsangeboten im Unterricht

nutzen können
- Fähigkeit, mit den Schüler/innen virtuelle Räumen zu erkunden und sich kritisch mit diesen auseinander zu setzen;
- Das Internet als Sphäre zu nutzen, um den Austausch mit der ausserschulischen Welt (z.B. über E-Mail) verstärkt in die Schule hineinzubringen – und sich mit unterschiedlichen Kommunikationsstilen auseinander zu setzen.

Reflexive Kompetenzen
- Die Informationsgesellschaft in ihren Folgen auf das Alltagsleben und die Institution Schule kritisch und unvoreingenommen beurteilen können;
- den sachlichen Wert der im Internet recherchierten Informationen einschätzen und einordnen können;
- den didaktischen Mehr- oder Minderwert der Anwendung von ICT-Mittel kritisch beurteilen können;
- die Wirkungen der neuen Medien und der virtuellen Sphäre des Internets auf die Sozialisation der heranwachsenden Generation abschätzen können.

Diese Auflistung belegt, dass es sich bei der Aneignung eines Verhaltensrepertoires, das neben der technischen Dimension genauso aus der Sicht der kulturellen, sozialen und reflexiven Elemente betrachtet werden muss, um komplexe Lernprozesse handelt, welche die gesamte Wahrnehmung von Alltagswelt und Gesellschaft betreffen. Erst wo der Einbezug dieser umfassenden Lerndimension gelingt, können die ICT Mittel zum Motor einer neuen Kultur des Lernens werden, wie wir sie mit der Darstellung kognitivistischer und konstruktivistischer Ansätze geschildert haben.

Insbesondere bedeutet dies aber auch einen Wechsel der Lernkultur, indem die Lehrkräfte von Vermittlungsaufgaben entlastet werden – dabei aber neue wichtige Funktionen in der Begleitung des Lernens übernehmen. Coaching und Unterstützung der autonomen Lernprozesse auf Seiten der Schüler/innen sollen hier als Stichworte nochmals aufgegriffen werden.

Wo die Lehrerrolle in einer solchen Weise (um)definiert wird, müssen Lehrkräfte insbesondere dazu befähigt werden, ihre Schüler/innen beim Lernen zu begleiten, indem sie
- ihnen dort Anleitung und Hilfe geben, wo sie bei Anwendungen Schwierigkeiten haben,
- sie bei der Formulierung von individuellen Lernzielen unterstützen, die sie mithilfe des Computers selbständig abarbeiten,
- ihnen herausfordernde Lernaufgaben stellen, zu deren Lösung der Einsatz von ICT-Mitteln notwendig ist,
- mit ihnen kritisch untersuchen, wo der Computer die eigene Produktivität und das Lernen fördert bzw. wo er dazu hinderlich ist.

Standards für die Aus- und Weiterbildung der Lehrkräfte
Wie wir eben gesehen haben, müssen Lehrkräfte, die unter den Bedingungen der Informationsgesellschaft unterrichten, in der Lage sein, Medien – und hier insbesonders die neuen Informations- und Kommunikationstechnologien als produktive Arbeitsmittel in den Unterrichtsalltag zu integrieren. Doch mit dieser Vision einer ICT-gebildeten Lehrkraft, die dort in Schule und Unterricht souverän Medien einsetzt, wo dies didaktisch angebracht erscheint, wird ein ambitionierter Anspruch erhoben – vor allem wenn wir damit jenes breite Spektrum von Aufgaben und Möglichkeiten vor Augen haben, in dessen Rahmen Computer in der Schule eingesetzt werden können (vom Unterricht bis hin zu administrativen Tätigkeiten und medienkritischen Reflexionen mit den Schüler/innen).

Zur Konkretisierung dieses Aufgabenspektrums sollen im Folgenden eine Reihe von Standards beschrieben werden, die im Detail die oben beschriebenen Medienkompetenzen aufnehmen und aus diesem Kontext heraus Anforderungen formulieren, welche die pädagogische Anwendung und Nutzung der Informations- und Kommunikationstechnologien an den Lehrberuf stellt.[4] Ausgangspunkt dieser Überlegungen bilden die Standards der *International Society for Technology in Education* (ISTE), wie sie in den USA formuliert wurden. Sie sind indessen für unsere Zwecke insgesamt nur bedingt brauchbar, da die Diskussion um Medienkompetenz im deutschsprachigen Raum über die rein technologisch orientierten Fragestellungen der amerikanischen Technologie-Standards hinausweist. So orientierten wir uns bei den nachfolgend beschriebenen Standards zwar an den damit verfolgten Grundintentionen, versuchen dabei aber, eine breitere medienpädagogische und medienwissenschaftliche Sicht einzubeziehen.

Im Folgenden definieren wir die wichtigsten fünfzehn Standards, die sich auf die zentralen Dimensionen beziehen, in denen sich Schule/Unterricht und die Welt der Medien berühren:
- Grundkompetenz im Gebrauch von ICT und weiterer Medien
- Medien und ICT im Unterricht,
- Mediensozialisation von Kindern und Jugendlichen,
- Medien als Arbeitsinstrumente für Lehrkräfte,
- Medienkritik als Teil der Medienkompetenz.

Letztlich beziehen sich die hier dargestellten Bereiche auf jene grundlegenden Dimensionen der Medienkompetenz, welche Dieter Baacke für die deutschsprachige Medienpädagogik fomuliert hat:
Medienkunde als Wissen über Medien im Sinne der Informiertheit über das Mediensystem, wie auch im Rahmen einer instrumentell-qualifikatorischen Fähigkeit, die entsprechenden Geräte bedienen zu können;

Mediennutzung sowohl durch Rezeption wie aktiv als Anbieter; innovative und kreative Mediengestaltung (Baacke 1996, S. 8); *Medienkritik,* indem man fähig ist, sich analytisch, ethisch und reflexiv auf Medien zu beziehen.

Jeder der hier aufgeführten Standards enthält eine allgemeine (fettgedruckte) Formulierung, die auf dreifache Weise konkretisiert wird: Er ist bezogen (a) auf Bezüge zu einer theoretischen Wissensbasis, (b) auf eine Ebene der Empirie bzw. des Gebrauchs von Medien und ICT-Werkzeugen, (c) auf spezifisch praktische Anwenderfähigkeiten in Schule und Unterricht. Vor allem der Bereich c) bezieht sich in seiner Formulierung eng auf die pädagogische Handlungsebene und orientiert sich dabei an beobachtbarem Verhalten, ohne allerdings damit Lernziele operational zu beschreiben. Dabei ist zu berücksichtigen, dass die Beschreibung konkreter fachlicher Inhalte angesichts des raschen technischen Wandels veränderbar bleiben muss.

Die einzelnen Standards, über welche Lehrkräfte der Volksschule heute verfügen müssen, sind:

Grundkompetenz im Gebrauch von ICT und weiterer Medien	**1. Die Lehrpersonen verfügen über ein angemessenes Verständnis der Natur und der Funktionsweise von technologischen Systemen und Medien.**
	Die Lehrpersonen kennen die wichtigsten Merkmale, welche eine Informationsgesellschaft kennzeichnen (Theorie).
	Sie können wesentliche gesellschaftliche Veränderungen, welche in den letzten 500 Jahren durch Medien erfolgt sind in ihren systemischen Auswirkungen beschreiben.
	Sie können die hauptsächlichen Anwendungsgebiete der Medien und Informations- und Kommunikationstechnologien für die Unterrichtspraxis benennen und erkennen dabei das Zusammenspiel zwischen technischer Funktionslogik und pädagogischer Aufgabenstellung (Praxis).

Medien und ICT im Unterricht

2. Die Lehrkräfte können mit den geläufigen Input- und Output-Geräten (Tastatur, Drucker, Maus, Scanner,) sowie mit Geräten wie Videorecorder, Digital- und Videokameras und Beamer umgehen; und sie können diese für den Alltagsgebrauch warten.

Die Lehrpersonen verfügen über ein Grundlagenwissen zur Bedienung des Computers und den verschiedenen Peripheriegeräten, sowie der dabei immer häufiger zu konstatierenden «digitalen Fusionen».
Sie sind imstande, eine für ihre didaktischen Ziele taugliche Konfiguration zusammenzustellen und zusammen mit den notwendigen Programmen zu installieren und zu warten.
Sie nutzen Input- und Outputgeräte routinemässig im Unterricht und können verschiedene digitale Geräte in ihrem Zusammenspiel anwenden (z. B. digitale Fotografie und Fotobearbeitung auf dem Computer).

3. Die Lehrkräfte verfügen über Anwenderkompetenzen im Bereich des Betriebssystems und der Office-Komponenten ihres Computersystems. Dabei durchschauen sie den Programmaufbau so weit, dass sie sich in weitere Anwenderpogramme selbständig einarbeiten können.

Die Lehrpersonen verfügen über Grundlagenwissen zum Aufbau und zur Gestaltung der Benutzeroberfläche des von ihnen verwendeten Betriebssystems (z.B. Windows, Mac OS oder Linux).
Sie sind fähig, aufgrund eigener Erfahrungen – *just-on-time* –, ihre Anwenderfertigkeiten zu vertiefen und sich in neue Programme selbständig einzuarbeiten.
Sie arbeiten für private und berufliche Zwecke regelmässig mit Office-Programmen und können die dazu notwendigen Grundfertigkeiten ihren Schüler/innen weitervermitteln.

Medien und ICT im Unterricht

4. **Die Lehrkräfte können Medien im Bereich der Informations- und Kommunikationstechnologien daraufhin beurteilen, ob ihre Anwendung im Unterricht einen didaktische Mehrwert ergibt.**

Die Lehrpersonen können den Anteil der Medien bei der Bestimmung von Zielen, Inhalten und Methoden des Unterrichts kritisch abschätzen.
Sie sind in der Lage, an praktischen Beispielen aufzuzeigen, unter welchen Umständen Medien einen didaktischen Mehrwert erbringen bzw. wo man besser darauf verzichtet.
Sie entwickelt für sich ein Standardrepertoire von Aufgaben, bei denen sie regelmässig ICT-Medien einsetzen und demonstrieren in diesem Zusammenhang ihre Fähigkeit, ICT-Werkzeuge zur indivualisierenden Lernförderung zu nutzen.

5. **Die Lehrkräfte nutzen ICT-Lernmedien, um die Produktivität ihrer Schüler und Schülerinnen zu verbessern, die Kreativität zu fördern und anspruchsvolle Lernprozesse zu unterstützen (Internet, CD-ROMs).**

Die Lehrkräfte verfügen über Kenntnisse zum Einsatz der modernen ICT-Werkzeuge in der Arbeitswelt und zunehmend auch im privaten Bereich (z. B. Online-Shopping, privater Briefverkehr, Computerspiele).
Sie können dieses Wissen auf die Bedürfnisse des Unterrichts und den jeweiligen Wissensstand ihrer Schüler und Schülerinnen transferieren.
Sie nutzen Standardprogramme (Works, Office, Internet-Browser) zur Bearbeitung von Text, Ton und Bild, und setzen die Dienste des Internet sowie CD-ROMs regelmässig als Ressourcen und Werkzeuge für sich selbst und ihren Unterricht ein.

6. Die Lehrkräfte unterstützen komplexere und höherwertige Denkfähigkeiten (unter Einschluss von kritischem Denken, bewusstem Entscheiden, Wissenskonstruktion und Kreativität) mittels technologischer Ressourcen.

Die Lehrpersonen verfügen über Kenntnisse zu einfacheren und komplexeren Prozessen des Lernens und können die enge Beziehung der ICT zu konstruktivistischen und kognitivistischen Lerntheorien darstellen.
Für diese Darstellung verfügen sie über Kenntnisse aus der entsprechenden Lernforschung und der Diskussionen über erweiterte Lernformen.
Die Lehrpersonen weisen die Fähigkeit, ihre Schüler und Schülerinnen zur Gestaltung von eigenständigen Wissenskonstruktionen anzuleiten (z.B. über die Durchführung von Experimenten, Simulationen oder WebQuests) in mindestens einem Unterrichtsfach oder in einem fächerübergreifenden Arbeitsvorhaben nach.

7. Die Lehrkräfte beziehen die Arbeit mit Medien auf die jeweiligen Unterrichtsinhalte und setzen sie ein, um ihre fachdidaktischen Unterrichtskonzepte zu optimieren.

Die Lehrpersonen verfügen über fachdidaktische Kenntnisse zu den Einsatzmöglichkeiten spezifischer Lernmedien in ihren Unterrichtsfächern.
Für ihre Argumentation nehmen sie Bezug auf Ergebnisse der fachdidaktischen Unterrichtsforschung zum Lernen mit ICT- und anderen Medien.
Sie setzen Medien – und insbesondere spezifische Lernsoftware – als Arbeitsmittel gezielt ein, wo es nach didaktischen Kriterien sinnvoll ist, und können dies begründen. Gleichzeitig wählen sie für ihre Arbeit im Unterricht wenigstens zwei fachdidaktische Schwerpunkte, in denen sie ICT-Medien kontinuierlich einsetzen und sich über neue Entwicklungen *up to date* halten.

8. Die Lehrkräfte setzen die Medien als Mittel ein, um die Zusammenarbeit der Schüler/innen untereinander zur fördern und dabei zu helfen, beim Lernen in Kooperation mit externen Personen (Experten, Peers) zu treten.

Die Lehrpersonen kennen die Vorbehalte der Vereinsamung durch Medien und setzen sich mit der Frage nach den veränderten Beziehungsformen in den virtuellen Räumen der Kommunikation auseinander.
Sie kennen die wichtigsten Bedingungen, unter denen Medien (Fernsehen, Computer, Internet) die Sozialkompetenz fördern oder einschränken.
Sie wenden ICT bewusst als kommunikationsförderndes Medium an und reflektieren die Kooperationsprozesse regelmässig mit ihren Schülern.

Mediensozialisation von Kindern und Jugendlichen

9. Die Lehrkräfte beobachten den Einfluss der Medien auf die Sozialisation von Kindern und Jugendlichen und sind fähig, daraus Schlüsse für das eigene pädagogische Handeln zu ziehen.

Die Lehrkräfte kennen verschiedene Theorien der Medienwirkung (z.B. Behaviorismus, *Uses and Gratifications* Ansatz, Konzepte der *Cultural Studies*) und können sie kritisch beurteilen.
Sie können dabei wesentliche Forschungsergebnisse zur Mediennutzung und zur Medienwirkung von Kindern und Jugendlichen zur Interpretation einbeziehen.
Sie sind im Rahmen ihres beruflichen Handeln fähig, unterstützende Handlungsregeln für den Umgang mit Medien in Schule und Elternhaus zu formulieren und zu begründen sowie zwei bis drei Massnahmen zur gezielten Förderung von benachteiligten Gruppen im ICT-Bereich durchzuführen (insbesondere: Mädchenförderung).

10. **Die Lehrkräften verfügen über Wissen zu den heutigen virtuellen Realitäten und können dieses zur Entwicklung von Problemlösungsstrategien in der realen Welt nutzen.**

Die Lehrkräfte erkennen die zunehmende Bedeutsamkeit virtueller Realitäten für das gegenwärtige Alltagsleben.
Sie kennen verschiedene Formen der Virtualität aus eigener Anschauung (z. B. Chat, Fernsehwelten, Computer- und Videospiele, die Räume des Internets)
Sie nutzen Medien gezielt, um Informationen über die reale Welt zu finden und leiten die Schüler/innen zur aktiven Auseinandersetzung und zur Gestaltung der ihnen zugänglichen virtuellen Räume ein (Gestaltung einer Schülerzeitung oder einer Homepage, Auseinandersetzung mit gewalttätigen Computer- und Videospielen etc.).

11. **Die Lehrkräfte sind fähig, die Sprachen und Codes verschiedener Medien zu verstehen und Kinder bzw. Jugendliche bei der Aneignung und produktiven Nutzung einer Vielzahl von Formaten zu unterstützen.**

Die Lehrkräfte entwickeln das Verständnis eines erweitertes Textbegriffes und erwerben sich das analytische Instrumentarium zum Verständnis unterschiedlicher Medientexte – von Filmen bis zu hypertextbasierten Webseiten und Ausdrucksformen der Alltagskultur.
Sie sind fähig, konkrete Medientexte (Film, Popmusik, alltagskulturelle Phänomene) als Ausdruck der heutigen Kinder- und Jugendkultur zu interpretieren.
Sie können Kinder und Jugendliche anleiten, alltagskulturelle Medientexte zu schaffen und kritisch zu reflektieren (Fantexte, Webseiten, SMS, Videoprojekte, etc.).

Medien als Arbeitsinstrument für Lehrkräfte

12. **Die Lehrkräfte nutzen ICT-Technologien gezielt für ihre Unterrichtvorbereitung (bei der Suche nach Informationen, zur Gestaltung und zur Produktion von Arbeitsblättern, zum Austausch mit Kolleg/innen).**

Die Lehrkräfte verfügen über ein breites Grundlagenwissen zum berufsspezifischen Einsatz der ICT im Rahmen der Unterrichtsvorbereitung bzw. der Unterstützung ihrer unterrichtlichen Tätigkeit.
Sie kennen diesbezügliche Internet-Ressourcen und Software-Programme.
Sie nutzen Informationen aus dem Internet zur Vorbereitung ihres Unterrichts und erstellen Arbeitsblätter auf dem Computer.

13. **Die Lehrkräfte nutzen ICT-Instrumente und Ressourcen für ihr persönliches Wissensmanagement (z. B. Finanzen, Stundenpläne, Adressen, E-Mail, Terminplanung etc.).**

Die Lehrkräfte kennen ICT-Werkzeuge und ihre Funktionsweise für das individuelle Wissensmanagement.
Sie probieren solche Instrumente aus und bilden sich eine Meinung über deren Nutzen.
Sie wenden zwei bis drei solcher Instrumente (z.B. Terminplaner, Stundenplangestaltung, Notenverwaltung, Unterrichtsevaluation etc.) für ihre Unterrichtsarbeit an.

Medienkritik als Teil der Medienkompetenz

14. **Die Lehrkräfte sind interessiert und fähig, kontroverse Aspekte, die gegenüber den elektronischen Medien geäussert werden, auf dem Hintergrund des medienwissenschaftlichen Diskussionsstandes zu diskutieren.**

Die Lehrkräfte verfügen über ein medienwissenschaftliches Grundwissen zu den (rechtlichen, ethischen, kulturellen und sozialen) Folgen der Informationsgesellschaft.
Sie beobachten das Verhalten der Medienkinder in ihren Klassen sowie ausserhalb der Schule und können

dieses auf den theoretischen Diskurs beziehen.
Sie beziehen den Aspekt der Medienkritik regelmässig in ihre Unterrichtsarbeit ein und reflektieren diese auf ihren Beitrag zu einer Erweiterung der Medienkompetenz ihrer Schüler/innen.

15. Die Lehrkräfte verfügen über Kenntnisse zu den Aspekten der Gesundheit, Gewalt und Sicherheit , die sich auf die Anwendung der ICT-Technologien beziehen.

Die Lehrkräfte verfügen über Wissen zu den negativen Folgen der Informationsgesellschaft, wie sie unter den Stichworten Gewalt, Computerkriminalität, Strahlung der Geräte etc. diskutiert werden.
Sie beobachten diese Effekte in ihrer eigenen Praxis und in der Medienlektüre.
Sie leiten daraus zwei bis drei konkrete Massnahmen für ihre Unterrichtspraxis ab.

Teil III
Empfehlungen für Aus- und Weiterbildung

Wenn wir davon ausgehen, dass sich die Arbeit der Lehrkräfte im ICT-Bereich zukünftig an den beschriebenen Standards ausrichtet und die Schule als Organisation eine Infrastruktur bzw. organisatorische Bedingungen aufweisen soll, welche für die Arbeit mit ICT-Mitteln günstige Voraussetzungen schafft, so erfordert dies Massnahmen auf verschiedenen Ebenen. Vor allem auf drei Ebenen sollen hier Empfehlungen formuliert werden, wie sich das Bildungswesen besser auf die Integration der Informations- und Kommunikationstechnologien vorbereiten kann. Ziel ist es insbesonders, die im ersten Teil dieses Buches konstatierte Inkongruenz zwischen Ausrüstung und Nutzung, also jenen Tatbestand, den wir als Technikfalle bezeichneten, zu überwinden. Diese drei Ebenen sind:
1. Der Bereich des Lehrplans bzw. des Curriculums, welcher häufig gegenüber der technischen Ausrüstung bzw. der Schaffung einer technischen Infrastruktur erst in zweiter Linie betrachtet wird.
2. Die Lehrerbildung und -weiterbildung, von denen es zum grossen Teil abhängen wird, ob die pädagogisch-didaktische Qualifizierung für das Unterrichten im Informationszeitalter erfolgreich durchgeführt werden kann.
3. Überlegungen, wie ICT-Mittel im Bildungssystem und an den Schulen auf eine Weise eingeführt werden, die nachhaltigen Erfolg verspricht. Anstatt für punktuelle Massnahmen werden wir hier für ein systemisch abgestütztes Konzept plädieren.

1. Der curriculare Rahmen des ICT-Lernens

Die hier beschriebenen Veränderungen im Verhalten der Lehrkräfte scheinen auf den ersten Blick wenig mit der Ebene des Curriculums zu tun zu haben. Hat dieses doch eher Legitimationsfunktionen und ist operativ meist wenig wirksam. Geht es vorwiegend um Verhaltensänderungen von Lehrkräften, so scheinen eher Aus- und Weiterbildungsmassnahmen zentral, in deren Rahmen sich die Lehrkräfte das neue ICT-Wissen individuell aneignen können. Und es muss gewährleistet sein, dass engagierte Lehrkräfte Freiräume zum Ausprobieren und Experimentieren erhalten. In diesem Sinne haben viele Lehrkräfte – nicht zuletzt auch viele engagierte Computerpioniere – einfach einmal damit begonnen, in ihrem Unterricht mit ICT-Mitteln zu experimentieren, ohne dass sie sich auf lehrplanmässige Vorgaben stützen konnten oder sich darum kümmerten. Schliesslich ging es ihnen ganz konkret um praktische Veränderungen des Schulalltags; sie wollten innerhalb der bestehenden Lernziele und Lehrpläne ICT-Mitteln anwenden und damit ihren Unterricht optimieren und zeitgemässer gestalten. Gleichzeitig erhofften sie sich damit, den Schüler/innen den Zugang zu den zukunftsweisenden Techniken im Umkreis der Informatik zu erleichtern und ihnen zusätzliche Computerkompetenzen zu vermitteln. Diese Aktivitäten waren aber mehr als Zugabe einzelner engagierter Aktivisten zu verstehen als definiertes Ziel des Schulsystems selbst.

Doch wenn die Pionierphasen zu Ende gehen, genügen solche Strategien nicht mehr. So wurde es denn bald notwendig, ICT auch curricular in den Lehrplänen abzusichern und zu verankern – im Rahmen von Lehrplanformulierungen oder Empfehlungen für den ICT-Bereich. Dennoch gibt es bis heute noch eine Reihe von Fragen, die nicht definitiv geklärt sind. Gerade wenn in den letzten Jahren Computer und Internet die Primarschule erobern, stellt sich sowohl für diese Stufe wie auch für die nachfolgenden die Frage nach dem Stellenwert informationstheoretischer Grundkenntnisse bzw. des Arbeitens mit Computern nochmals neu. So sind Fragen zu beantworten wie:
- Sind es bestimmte Fächer, in denen die ICT-Mittel besonders gewichtet in Erscheinung treten sollen (evtl. unter Verankerung formeller Zielsetzungen für den Unterricht)?
- Reichen allgemeine Formulierungen aus, in denen der Computer als Arbeitsmittel für möglichst viele Fächer empfohlen wird, oder braucht es genauere Anweisungen?
- Ist es notwendig für die verschiedenen Schulstufen ein informatisches Grundwissen festzulegen – und wenn ja, in welchem Umfang und in welcher Breite?

Grundsätzlich erscheint es wichtig, dass die Lehrkräfte mit diesen Fragen nicht allein gelassen werden bzw. dass die Frage der lehrplanmässigen Verankerung der Informations- und Kommunikationstechnologien nicht unterschätzt wird. Auch wenn Lehrpläne Unterrichtsverhalten nicht direkt beeinflussen, vermitteln sie einen kohärenten Struktur-Orientierungsrahmen, an welchen die Lehrer und Lehrerinnen ihre eigenen Unterrichtsvollzüge und -arrangements ausrichten können. So sind die Aussagen von Lehrkräften, wie sie im Basler Projekt NIKT@BAS häufig vorkommen, nicht erstaunlich, wonach der Verankerung der Informations- und Kommunikationstechnologien im Lehrplan eine hohe Priorität zuzuschreiben sei. Denn der Lehrplan übernimmt für sie Orientierungsfunktion, in dessen Rahmen der eigene Unterricht besser eingebettet werden kann: Man kann besser einschätzen, welche Bedeutung die konkrete Arbeit mit ICT im Unterricht hat, wenn man weiss, in welcher Weise der Lehrplan dazu einen Rahmen formuliert. Zudem erhält man dadurch auch Support und Bestätigung dafür, dass man bei der Weiterentwicklung seines Unterrichtskonzepts auf dem richtigen Weg ist.

Aus diesem Grund erscheint es unumgänglich, dass einige wesentliche Grundfragen der ICT-Integration in das Bildungssystem auf einer übergreifenden Ebene vorgeklärt werden. Dies wird vor allem dann dringlich, wenn diese Technologien flächendeckend eingeführt werden und von einem allgemeinbildenden Bildungsauftrag her legitimiert werden. Das bedeutet nämlich, dass bestimmte Inhalte als Grundbildung für alle generalisiert werden und für alle Angehörigen des Bildungssystems verbindlich werden[5]. In Konsequenz davon müssen dann die neuen Inhalte strukturell und sequentiell über die Stufen und Typen des Bildungssystems hinweg ausformuliert werden, damit sie im Handeln des Bildungssystems realisiert werden können. Angesprochen sind insbesonders drei Fragenkomplexe:

1. Es stellt sich im Rahmen eines integrativen Konzeptes der Computernutzung im Unterricht die Frage, wie die formellen Lerninhalte im Umgang mit den Informations- und Kommunikationstechnologien zu behandeln sind. Muss ein explizites informatisches Grundwissen vermittelt werden, oder läuft die Aneignung solcher Fertigkeiten im Alltagsgebrauch der ICT-Mittel nebenbei mit? In diesem Zusammenhang sind z.B. Antworten auf folgende Fragen notwendig: Soll die Bedienung des Betriebssystems explizit als Unterrichtsinhalt vermittelt werden, oder reicht es aus, wenn Schüler/innen im Rahmen des täglichen Umgangs mit dem Computer auch langsam das Betriebssystem immer besser beherrschen? Gibt es irgendwelche zeitliche Meilensteine, bis zu welchen bestimmte Computerfähigkeiten erworben sein sollten (z.B. Umgang mit Maus und zielsichere Beherrschung der Tastatur bis zum Ende der dritten Primarklasse, grundlegende Kenntnisse der Funktionen einer Textverarbeitung bis zum Ende der vierten Primarklasse).

Generell scheint es sinnvoll, hier gewisse Minimalziele zu setzen und auch bestimmte Fenster im Rahmen von Unterrichtsfächern festzulegen, in welchen explizit Computerkenntnisse vermittelt werden. Denn wenn Kinder sozusagen auf «immersive» Weise mit Computern vertraut werden, so bedeutet dies auch eine gewisse Zufälligkeit, wer sich welche Kenntnisse erwirbt. Sollen aber während der Schulzeit schrittweise komplexere Anwendungsformen genutzt werden, ist es wichtig, dass dafür ein systematisiertes Grundwissen zur Verfügung steht.

Zudem ist zu vermuten, dass leistungsschwächere Schüler/innen auch grössere Mühe mit der Beherrschung des Computers haben, und dass ein Konzept, welches ICT-Kompetenzen als Lerninhalte ganz beiseite lässt, damit diese Schüler/innen nochmals benachteiligt. In diesem Sinne erscheint eine Systematisierung sowie ein Ausgleich der Kenntnisse durch direkten Unterricht wichtig, dessen Umfang lehrplanmässig festzulegen ist.

2. Sollen solche Minimalziele sinnvoll sein, stellt sich die Frage der Überprüfung dieser Kentnisse. Eine flexible Lösung wären hier Stufenziele, deren Erreichung die Schüler/innen bis zum Ende eines bestimmten Zeitabschnittes – zum Beispiel bis zum Ende der Unterstufe – nachzuweisen haben. Dies bedeutete im Rahmen eines integrativen Informatikkonzeptes, dass die Schüler/innen bis zum Ende des jeweiligen Zeitraumes einen minimalen Ausbildungsstand im Umgang mit Informatikmitteln nachzuweisen haben – wobei es an ihnen bzw. an den Lehrkräften liegt, wie sie zu den auszuweisenden Qualifikationen gelangen.

So könnte es ein Minimalziel bis zur dritten Klasse sein, einen kleinen Text selbständig auf dem Computer abzutippen, ihn mit fett, kursiv oder unterstrichen zu formatieren und abzuspeichern. Irgendwann während der Unterstufe – nämlich, dann wenn ein Kind glaubt, diese Fertigkeiten sicher nachweisen zu können – wird es den entsprechenden Test absolvieren. Anderen können die Mitschüler/innen beim Erwerb der verlangten Fertigkeiten helfen, oder die Lehrperson, nimmt jene Schüler/innen zu einer Unterrichtslektion zusammen, welche noch Mühe damit haben. Während einzelne Kinder den Test schon in der zweiten Klasse bestehen, brauchen andere noch ein Jahr länger, bis sie sich dies zutrauen.

Bis zum Ende der sechsten Klasse könnten dann vertiefte Kenntnisse verlangt werden; z.B. eine Grafik bearbeiten zu können und in den Text einzusetzen. Auf diese Weise könnten modular während der gesamten Volksschulzeit gewisse Fertigkeiten überprüft werden – wobei am Schluss die zusammengefasste Leistung für die Kinder so etwas wie ein Abschlusszertifikat ergäbe: einen Computerführerschein als Ausweis für schulisch erworbene Anwenderkenntnisse.

3. Die Anwendungsbereiche des Computers sind so vielfältig, dass es nicht zu empfehlen ist, die Vermittlung von Inhalten ins Belieben der einzelnen Lehrkräfte zu stellen – so dass die einen schon in der ersten Klasse mit dem Internet arbeiten und andere vielleicht gar nie oder erst am Ende der Mittelstufe. Gehört die Arbeit mit ICT zur Allgemeinbildung dann muss sich die Schule überlegen, welche inhaltlichen Zielsetzungen im Verlauf der Schulzeit sowie bezüglich der einzelnen Schulstufen damit zu verbinden sind.

Auf dem Hintergrund der eben dargestellten Überlegungen wird im Folgenden versucht ein Modell zu beschreiben, welches die Informatikkenntnisse sowie die Schwerpunkte des ICT-Lernens über die Schulstufen verteilt:

ICT auf der Primarstufe
Die Erfahrungen im Pilotprojekt Primarschulinformatik des Kantons Basel-Land haben deutlich gemacht, dass es nicht unbedingt sinnvoll ist, bereits mit

Schüler/innen der ersten Primarklasse ausgedehnte Internet-Projekte zu bearbeiten. Kinder, die gerade das Schreiben erlernen, dürften z.B. von einem Medium Internet, das stark auf dem Umgang mit Texten basiert, noch sehr schnell überfordert werden. Auf der anderen Seite stellt sich dann aber auch die Frage, wie wichtig reine Übungsprogramme z.B. in den höheren Klassen der Volksschule noch sind, wenn es so viele andere anspruchsvollere Lernmöglichkeiten mit dem Medium Computer gibt. Im Rahmen des Pilotversuchs Primarschulinformatik hat sich aus den Diskussionen mit den Lehrkräften als Abfolge folgende Empfehlung herausgeschält:

- Für den Einstieg in die Arbeit mit Computern eignen sich einfache Lernprogramme, wie es sie für die Unterstufe der Primarschule in recht grosser Anzahl gibt. Wesentlich ist es, dass diese Programme nicht zu kompliziert in der Bedienung sind und Kinder damit schnell zu einem Lernerfolg kommen.
- Ab der zweiten Klasse sollte die Arbeit mit Standardprogrammen (Textverarbeitung, Grafikprogramme, aber auch Lexika etc.) im Mittelpunkt stehen. Diese erlauben als Arbeitsmittel einen kreativeren und vielfältigeren Umgang wie die meist auf klar eingegrenzte Funktionen eingeschränkten Lernprogramme.
- Etwa von der vierten Klasse an scheint es sinnvoll, auch das Internet als Arbeitsmittel verstärkt zu nutzen und periodisch mit der eigenen Klasse Projekte zu realisieren (E-Mail Projekte, WebQuests etc.), in welchen die Nutzung des Internets ein wesentlicher Bestandteil ist.

Diese zeitliche Gliederung sollte allerdings nicht absolut verstanden werden. So können geeignete Lernprogramme durchaus auch in den höheren Klassen und Schulstufen eine Rolle spielen. Und auf der anderen Seite kann das Internet auch schon einmal früher genutzt werden, wenn sich dies aus didaktischen Gründen anbietet[6]. Dennoch vermag eine grobe Orientierung an dem dargestellten Zeitraster helfen, Schwerpunkte abzustecken und Kenntnisbereiche im ICT-Bereich sequentiell auf die Klassen der Volksschule abzustimmen.

Umstritten ist die Frage, ob bzw. wie weit das Tastaturschreiben – vor allem auf der Mittelstufe – ein Lerngegenstand sein sollte. Urs Utzinger, Beauftragter des Kantons Luzern für Informatik an Volksschulen meint dazu in einem Interview: «Man sollte diese Frage nicht zur Glaubensfrage hoch stilisieren. Es soll kein ‹müssen›, aber auch kein ‹nicht dürfen› werden. Im Kanton Luzern gibt es Projekte auf beide Arten zum Einstieg in die Informatik, die gute Erfolge zeigen (Start mit Tastaturschreiben in Meierskappel; in Geuensee arbeiten die Schüler/innen ohne zusätzliche Anleitungen im Tastaturschreiben). Ich finde, es muss für die betroffenen Lehrpersonen stimmen, dann sind beide Wege gangbar» (zit. nach dem Interview-Text auf: http://www.ekdluzern.ch/publikationen/mb/mb2_00/volkssch/mbfrm.htm). Allerdings darf m.E. das Tastaturschreiben nicht zum vordringlichsten Inhalt werden, der gegenüber der inhaltlichen Arbeit mit dem Computer Oberhand erhält – was wiederum leicht in blossem Drill enden könnte.

ICT in der Sekundarstufe
Beginnt die Einführung in den ICT-Bereich in der dargestellten Weise bereits in der Primarschule, so hat dies auch Auswirkungen auf die Sekundarstufe I (in der Schweiz in den meisten Kantonen ab der 7. Klasse der Volksschule). Denn traditionellerweise begannen erste Schritte im Bereich der Schulinformatik auf dieser Stufe. Wenn nun aber Schüler/innen in die Sekundarstufe übertreten, welche bereits über erste grundlegende Computerkenntnisse verfügen, können diese Grundlagen nicht in zweites Mal vermittelt werden; vielmehr muss der Lernstoff angepasst bzw. neu konzipiert werden. Unseres Erachtens kann dies sinnvollerweise in zwei Richtungen geschehen:

Auf der Primarstufe steht, wie wir es beschrieben haben, ein integrativer Ansatz im Mittelpunkt, wo im wesentlichen Computerkenntnisse intuitiv und *on the job* erworben werden. Es bietet sich deshalb an, in der Sekundarschule an, einige Anwendungsbereiche systematischer kennen zu lernen – mit dem Ziel, dass alle Schüler/innen in drei bis vier Bereichen dort als Power User mit vertieften Kenntnissen gelten. Dies betrifft einerseits die Auseinandersetzung mit Textverarbeitung, Datenbanken und grafischen Anwendungen; dazu kämen Wahlangebote in ein bis zwei weiteren Bereichen. Dabei ist es indessen nicht notwendig, die Informatik als eigenständiges Fach zu konzipieren. Vielmehr können die entsprechenden Inhalte auch auf dieser Stufe schwerpunktmässig in bestehende Fächer integriert werden (z.B. Textverarbeitung in den Deutschunterricht und der Umgang mit Datenbanken in die Mathematik).

Auch die Sekundarstufe I ist in den Trend einbezogen, Computer im Sinne eines Alltagswerkzeugs übergreifend über die Fächer einzusetzen und weniger ein eigentliches informatisches Fachwissen zu vermitteln. Dies muss deshalb ausdrücklich betont werden, weil etwa die deutsche Gesellschaft für Informatik (GI) bis heute dafür plädiert, Informatik ab der Sekundarstufe I durchgehend als eigenständiges Unterrichtsfach im Pflichtkanon anzubieten (Gesellschaft für Informatik 2000).

Begründet wird das mit der Zielsetzung, dass es auf dieser Stufe darum gehe, die Informatiksysteme und ihre Anwendungen zu entmystifizieren. Schülerinnen und Schüler müssten verstehen, wie Informatiksysteme aufgebaut seien, nach welchen Funktionsprinzipien ihre Systemkomponenten zusammenwirkten und wie sich diese in grössere Systemzusammenhänge einordnen liessen.

Daran ist zweifellos richtig, dass es eine wichtige Perspektive für den Unterricht auf der Sekundarstufe ist, den Gegenstand Informatik und das Computerwissen verstärkt theoretisch zu durchdringen und medienpädagogisch zu reflektieren. Allerdings ist fraglich, ob dies nur mit einer Verfächerung zu erreichen ist – zumal dann in den weiteren Ausführungen der Gesellschaft für Informatik auch Inhalte wie das Lösen von Aufgaben mit Hilfe von Elementen der jeweiligen Programmiersprachen stark betont werden.

Unsere Zielperspektive wäre viel eher jene von kompetenten Power-Usern – was die Notwendigkeit einer damit verknüpften informatischen Allgemeinbildung durchaus einschliesst. In diese Richtung zielt z.B. der 2000 revidierte Informatik-Lehrplan des Kantons Zürich, wo es unter einer integrativen Perspektive heisst: «Die Mittel der ICT sind auch Unterrichtsgegenstand. Dabei ist zu unterscheiden zwischen Anwenderwissen und Hintergrundwissen: Anwenderwissen betrifft die Handhabung und zielt auf die praktische Anwendung, Hintergrundwissen betrifft die Funktionsprinzipien und zielt auf das theoretische Verständnis. In der Primarschule steht das Anwenderwissen im Zentrum, während auf der Oberstufe vermehrt auch Hintergrundwissen vermittelt wird» (Lehrplan Informatik, S. 350, Fassung vom 3. Oktober 2000). Auch solches Hintergrundwissen kann ohne Probleme fächerübergreifend und nicht in einem separaten Fach «Informatik» vermittelt werden.

Allenfalls kann man sich überlegen einen Teil der Inhalte fachlich zu bündeln – so wie der Kanton Graubünden die Spannung zwischen Fachunterricht und fächerübergreifender Computerintegration auf der Oberstufe mit einem Dreisäulenprinzip zu lösen versucht hat: «Die Grundbildung in Informatik beruht auf einem Dreisäulen-Konzept. Die erste Säule ist das Fach Grundlagen der Informatik mit verbindlichen Stoffinhalten. Die zweite Säule ist die Auseinandersetzung mit informationstechnischen Mitteln in Form von vielfältigen Anwendungen im Unterricht. Darüber hinaus bietet der Informatik-Lehrplan noch Zusatzthemen an, welche Vertiefungen der Grundbildung in Informatik ermöglichen (3. Säule). Diese Vertiefungen können v.a. im Wahlfach Technisches Praktikum Platz finden» (vgl. Lehrplan Informatik auf: http://www.komi.ch/lehrplan.htm). Ein solches Fach könnte vor allem dann sinnvoll sein, wenn es eng mit den Anwendungsbereichen verknüpft ist und generell, also über die Informatik im engeren Sinn hinaus, Kenntnisse im Umgang mit Medien – im Sinne der Erweiterung von Medienkompetenz – vermittelte.

Genauso wichtig erscheint uns aber auch die Möglichkeit, ICT-Mittel vermehrt für umfassendere und anspruchvolle Projekte – z.B. im Bereich der naturwissenschaftlichen Fächer, in Deutsch, in den Fremdsprachen und der Geografie einzusetzen. In den beiden letztgenannten Fächern könnte das Internet auch so etwas wie ein Fenster in die fremden Welten, welche Gegenstand dieser Fächer sind, darstellen. Aber auch Simulationen – wie etwa *Sim City* – könnten genutzt werden, um gesellschaftliche Entwicklungen zu veranschaulichen.

Zusammenfassend ergibt sich für den stufenmässigen Aufbau des Lernens und Arbeitens mit Informations- und Kommunikationstechnologien für Primar-

und Sekundarstufe I folgende schematische Übersicht[7]:

Primarstufe	Basics	Intuitiv (mit einzelnen inhaltlichen Fenstern)	Aufbau nach: – Lernsoftware – Standardprogrammen – Internet – Anwenderwissen
Sekundarstufe	Vertiefte Kenntnisse Power-User	Systematische Erarbeitung (in bestehende Fächer integriert)	– Vertiefung in Standardprogramme – Projektorientierte Aktivitäten – Hintergrundwissen

Kindergarten und Gymnasium

Ergänzend ist auf die Schnittstellen gegen «unten» und «oben» zu verweisen – den Kindergarten einerseits und die Mittelschulen und Gymnasien auf der anderen Seite:

Was den Kindergarten betrifft, so besteht grundsätzlich keine dringende Notwendigkeit, Computer flächendeckend und obligatorisch einzusetzen. Als Bereicherung des Angebots können ICT-Mittel aber durchaus eine Berechtigung haben – sofern dies die Kindergärtner/innen wünschen. In diesem Zusammenhang ist zudem zu erwähnen, dass in der gegenwärtigen Pädagogik generell die Tendenz besteht, Kindergarten und Schule im Sinne einer Grundstufe stärker zusammenzuführen. Kognitive Förderung wird damit zunehmend auch zum Thema des Kindergartens. Hier könnte die Arbeit mit spielerisch gestalteten Lernprogrammen eine willkommene Hilfe für die Lehrpersonen sein, angesichts des sehr heterogenen Leistungsspektrums von Kindergartengruppen individuelle Förderanreize zu schaffen. Dazu sollte es interessierten Lehrkräften ermöglicht werden, multimediale Geräte auch schon in die Ausstattung eines Kindergartens zu integrieren

Sowohl für den Kindergarten wie für die ersten Klassen der Primarschule könnte es hilfreich sein, vor einer lehrplanmässigen Festschreibung gezielte Unterrichtsversuche als Pilotprojekt durchzuführen, um zusätzliche Erfahrungen zu machen und die Einsatzmöglichkeiten auf dieser Stufe systematisch zu überprüfen und zu evaluieren.

Zum Schluss soll eine Beobachtung bezüglich der Mittelschulen und Gymnasien hinzugefügt werden. Wenn man gegenwärtig nämlich sieht, wie stark sich die Universitäten auf Formen des Online-Lernens vorbereiten und dafür hohe Investitionen tätigen, dann müssten sich die Gymnasien dafür vermehrt propädeutisch vorbereiten. Denn heute kann man nicht davon ausgehen, dass die Studierenden bereits problemlos in Online-Angebote einsteigen können. Denn sie kennen die dafür notwendigen Instrumente und Kommunikationsplattformen meist noch zu wenig. Hier könnte es deshalb sinnvoll sein, wenn in den Mittelschulen und Gymnasien erste Werkzeuge dazu vermittelt und im Rahmen von kleineren Projekten eingesetzt würden – etwa den BSCW-Server oder Plattformen wie die Yahoo! Groups.

Mit Bezug auf Mittelschulen und Gymnasien ist zudem beizufügen, dass der Unterricht mit Computern dort vor allem in bestimmten Fächern (Mathematik, Informatik etc.) eine längere Tradition hat. Es gibt jedoch auch auf dieser Schulstufe eine grosse Anzahl von Lehrkräften, die mit einem integrativer ICT-Unterricht noch wenig Erfahrungen hat. In einem Seminar an der Universität Münster (Nordrhein-Westfalen) vom Jahr 2001 berichteten z. B. die Studierenden fast unisono, dass sie in ihrer Schulzeit an den Gymnasien kaum mit dem Internet bzw. mit integrierten Formen der Computernutzung konfrontiert wurden. Generell wird es deshalb notwendig sein, dass auch die Gymnasien und Mittelschulen diese neue Form der Arbeit mit ICT- Mitteln über Weiterbildungs- und Schulentwicklungsmassnahmen noch besser in ihren Kollegien verankern und so einen neuen Zugang zu den Informations- und Kommunikationstechnologien als Werkzeug finden.

2. ICT-Mittel in der Lehrer/innenausbildung

In der Lehrerausbildung und im Schulwesen stand die Vermittlung medienpädagogischer Inhalte, also wie Kinder und Jugendliche durch Medien beeinflusst werden bzw. wie mit Medien in Freizeit und Schule gearbeitet werden kann, immer eher am Rande. So hat auch die pädagogisch-didaktische Vorbereitung aller Studierenden auf die Anforderungen des ICT-Bereichs bis vor kurzem nicht jene Rolle gespielt, die ihr in Zukunft höchstwahrscheinlich zukommen wird. Dies mag mit ein Grund dafür sein, dass die ICT-Nutzung im Unterricht gegenwärtig erst langsam in Fahrt kommt. Bis vor wenigen Jahren waren Lehrkräfte zudem oft generell eher skeptisch gegenüber der Technik eingestellt. Bildung und Technologien schienen inkommensurable Bereiche darzustellen – wer Menschen professionell bilden wollte, tat dies oft klar im Bewusstsein, damit den Bereich des Humanen gegenüber dem bloss Technischen in Schutz zu nehmen. Wer sich für die Lehrerbildung interessierte, tat dies entsprechend oft mit der Intention, direkt mit Menschen arbeiten zu können – und gerade nicht vermittelt durch Maschinen und Technologien.

Dieses Selbstverständnis, das Technik gegen Menschen setzt, ist allerdings seit einiger Zeit im Wandel begriffen. Technik wird nicht mehr wie noch in der kritischen Theorie der Siebzigerjahre des letzten Jahrhunderts im Wesentlichen als Mittel der instrumentellen Verfügung über Menschen gesehen; vielmehr können technische Mittel auch genutzt werden, um kreativ zu produzieren oder eigenständig und aktiv zu lernen bzw. zu kommunizieren. Lehrkräfte werden sich zudem zunehmend stärker bewusst, dass ICT-Mittel nicht vor den Schultoren Halt machen und dass es zum Bildungsauftrag der Schule gehört, bei den Schüler/innen entsprechende Kompetenzen zu fördern.

Allerdings ist nicht zu übersehen, dass der Impuls in diesem Bereich von der Bildungspolitik bzw. von ausserhalb des Bildungssystems kommt. Dementsprechend ist die Lehrerbildung auch keineswegs Vorreiter dieser Entwicklung, sondern vollzieht sie erst langsam nach. Bis heute war (und ist es) es vor allem die Lehrerweiterbildung, welche die Hauptlast der ICT-Ausbildung trägt – im Sinne der Nachqualifizierung von Lehrkräften, die zu einer Zeit in der Ausbildung standen, als Computer- und ICT-Kenntnisse noch kein Thema waren.

Aufgaben der Weiterbildung von Lehrkräften
Die Weiterbildung von Lehrkräften im ICT-Bereich ist schon deshalb eine zentrale Aufgabe, weil es – gemäss der in diesem Bericht zusammengefassten empirischen Belege – nicht wahrscheinlich ist, dass sich die Investitionen in eine Informatik-Infrastruktur automatisch in eine pädagogische Nutzung dieser Ausstattung umsetzt. Das pädagogisch-didaktische Know-how muss deshalb in Kursen vermittelt werden, welche die Integration des Computers und des Internets in den Unterricht fördern.

Im Kanton Zürich wird z.B. traditionellerweise zwischen Grundlagen- und Intergrationskursen unterschieden:

In den *Grundlagenkursen* erwerben die Lehrkräfte die nötigen Hard- und Softwarekenntnisse, um den Computer für die eigene Arbeit nutzen zu können. In den Kursen wird die Sachkompetenz anhand schulrelevanter Inhalte gefördert.
Kursinhalte sind hier:
- Grundlegende Techniken für das Arbeiten mit dem Computer,
- Kenntnisse in einem integrierten Anwendungsprogramm in der Art von ClarisWorks.

Die *Integrationskurse* bilden den zentralen Teil der Weiterbildung und richten sich an alle Lehrkräfte der Primarstufe. In diesen Kursen erwerben die Lehrkräfte die methodisch-didaktische Kompetenz zur Integration der Informatik in ihren Unterricht.
Kursinhalt:
- Pädagogische und medienerzieherische Gesichtspunkte des Computereinsatzes,
- Unterrichtsformen, welche die Integration von Computern unterstützen,

- Kennenlernen und Beurteilen von Lernprogrammen,
- Konstruktiv-kreatives Arbeiten mit Standardsoftware,
- Informationsbeschaffung und -verarbeitung mit Hilfe des Computers (vgl. Informatik für die Primarschule. Informationen für Lehrkräfte und Schulpflegen, online auf: www.schulinformatik.ch)

Es stellt sich allerdings die Frage, wie stark man in Zukunft reine Grundlagenkurse gewichten soll. Nach den im ersten Teil dieser Arbeit zusammengefassten Erkenntnissen führen Kenntnisse in den grundlegenden Computertechniken nicht zur gleichzeitigen pädagogischen Befähigung, mit Computern im Unterricht zu arbeiten. Auf diesem Erfahrungshintergrund wäre eher dafür zu plädieren, Einführungskurse für Lehrkräfte von Anfang an mit einem starken pädagogischen Akzent zu versehen und nicht mit technischem Grundwissen zu beginnen. Vielmehr sollten die Lehrer und Lehrerinnen von allem Anfang an dazu motiviert und angeleitet werden, den Computer für eigene Unterrichtsvorhaben einzusetzen. Vertiefte Kenntnisse im Umgang mit der Technik bzw. mit einzelnen Standardprogrammen hätten dann später daran anzuschliessen, indem z.B. das Bedürfnis aus der Praxis heraus wächst, noch mehr über Möglichkeiten und Techniken des Umgangs mit einer Textverarbeitung oder mit HTML-Programmierung zu erfahren.

Gleichzeitig muss man aber auch davon ausgehen, dass sich die Weiterbildung in den nächsten Jahren generell verändern wird – in jenem Ausmass wie zunehmend junge Lehrkräfte den Schuldienst aufnehmen werden, die mit dem Computer aufgewachsen sind und in der Grundausbildung der Lehrerbildung bereits entsprechende Kenntnisse (sowohl technische wie pädagogisch-didaktische) erworben haben. Damit wird die Notwendigkeit, über Weiterbildungsprozesse erste elementare Kenntnisse – die Basics der Computeranwendung in der Schule – zu vermitteln, zurückgehen. Dennoch ist nicht zu erwarten, dass damit der Weiterbildungsbedarf in diesem Bereich erfüllt ist. Vielmehr werden neue Bedürfnisse in den Mittelpunkt treten:

1. Von Zeit zu Zeit wird es notwendig sein, die Informatikkenntnisse aufzufrischen (*Fresh-up*). Denn die Entwicklung in diesem Bereich geht so schnell vor sich, dass die Erkenntnisse rasch veralten:
- Bei Standardprogrammen werden im Durchschnitt alle ein bis zwei Jahre neue Versionen veröffentlicht, die neue Funktionen und z.T. veränderte Navigationsformen mit sich bringen.
- Das Lernsoftware-Angebot ist in ständigem Wandel begriffen: Alte Programme werden aus dem Markt genommen und neue erscheinen. So besteht heute die Tendenz, zu umfangreicheren Schulbuch-Projekten oft auch eine elektronische Ergänzung zu veröffentlichen (wie z.B. beim interkantonalen Lehrmittel *envol*, einem neuen Französisch-Lehrmittel, das kürzlich in

der Schweiz eingeführt wurde).
- Internet-Ressourcen verschwinden oft sehr schnell wieder vom Netz. Hier könnte es z.B. sinnvoll sein, wenn sich Lehrkräfte von Zeit zu Zeit über neue Quellen orientieren könnten.

Gleichzeitig werden durch den schnellen technischen Wandel immer wieder neue Anwendungsmöglichkeiten für die Schulen zugänglich. So ist mit der breiten Einführung der digitalen Fototechnik ein Bereich attraktiv geworden, der im Rahmen der Produktion von Texten ganz neue Möglichkeiten der Illustration erschliesst. Vor allem ist es damit möglich geworden, Bilder mit einer Digitalkamera zu knipsen, diese dann direkt aus der Kamera in den Computer zu laden, nachzubearbeiten und für verschiedenste Unterrichtszwecke zu nutzen (Schülerzeitungen, heimatkundliche Themen etc.). Aber auch das Internet war noch vor 10 Jahren kaum ein Thema für die Schulen, da es noch in den Kinderschuhen steckte. Wer sich anfangs der Neunzigerjahre mit dem Thema «Computer und Schule» beschäftigte, dachte damals noch kaum ans Netz. So interessieren sich heute auch Computeranwender/innen der ersten Generation unter den Lehrkräften für Weiterbildungsangebote, die zeigen, wie man Internet und World Wide Web sinnvoll im Unterricht einsetzen kann.

2. Im Weiteren ist zu berücksichtigen, dass Ausbildungskonzepte heute im Rahmen des Prinzips eines lebenslangen Lernens angelegt werden, die nicht allein eine Grundausbildung umfassen, sondern im Rahmen einer Berufskarriere immer wieder Phasen der Weiterbildung vorsehen. Die weiter oben dargestellten Informatik-Standards sind so umfangreich, dass sie insgesamt kaum in die wenigen Jahre einer Grundausbildung gepresst werden können. Damit aber ist zu fragen, welche der dort formulierten Inhalte sinnvollerweise in die Grund- und welche in die Weiterbildung zu integrierten sind.

Wesentlich ist es dabei, dass im Bereich der Weiterbildung Themen angeboten werden, die in einem engen Zusammenhang zur Berufspraxis stehen; und dass hier auch Inhalte vertieft angeboten werden, die exemplarisch und in Grundzügen in der Grundausbildung angesprochen wurden. Um dies an einigen Beispielen zu verdeutlichen:
- Standard 2 betont das Kennenlernen von Geräten im Bereich der ICT-Mittel. Die Grundausbildung wird hier exemplarisch und unter Betonung der Grundfunktionen vorgehen müssen. Hingegen besteht die Möglichkeit, Lehrkräften im Rahmen der Weiterbildung die Gelegenheit zu geben, sich mit dem Videoschnitt oder mit der Benutzung eines Scanners (unter Einschluss von OCR-Techniken und Formen der Bildbearbeitung) eingehender und gründlicher auseinanderzusetzen. Dabei ist auch hier nicht einfach eine Technik zu vermitteln; sondern diese ist im pädagogischen Anwendungszusammenhang zu erarbeiten.

- Wenn in Standard 9 die aktive Gestaltung einer Homepage angesprochen ist, so könnte die dazu notwendige Auseinandersetzung mit dem HTML-Code bzw. mit komplexeren Programmen zur Erstellung von Websites Teil der Weiterbildung sein.
- Wird im Standard 13 das persönliche Wissensmanagement angesprochen, so dürfte es kaum möglich sein, dieses in einem umfassenden Sinn in die Grundausbildung zu integrieren. Viele der dazu gehörigen Werkzeuge können zudem adäquater und praxisbezogener im Rahmen von Weiterbildungsangeboten vermittelt werden.

In diesem Zusammenhang ist zudem darauf hinzuweisen, dass Grundstudiengänge z.T. auch Wahlpflichtangebote umfassen, wo Studierende zwischen verschiedenen Lehrinhalten wählen können. Damit aber wird es immer wieder Lehrkräfte geben, die in ihrer späteren Berufspraxis feststellen, dass ihnen bestimmte Inhalte fehlen, weil sie diese in ihrer Ausbildung abgewählt hatten. Auch hier sollten es Weiterbildungsangebote ermöglichen, solche Inhalte später nachzuholen – z.T. in Modulen, die für die Grund- und die Weiterbildung gemeinsam angeboten werden.

3. Das Kennenlernen von Instrumenten und Werkzeugen erfordert für Lehrkräfte, die sich damit intensiver auseinander setzen wollen, spezialisierte Kurse. So wird es schwierig sein, in einem allgemeinen *Fresh-up* Angebot eine detailliertere Einführung in die Technik und die pädagogisch-didaktischen Möglichkeiten des Videoschnitts zu geben. Auch ein Kurs zur Herstellung einer Schülerzeitung, der neben den technischen auch einige grundlegende journalisti- sche Prinzipien einbezieht, müsste wohl separat geführt werden.

Wegleitend beim Angebot solcher Spezialkurse kann auch der Gedanke einer gewissen Differenzierung sein: Nicht alle Lehrkräfte sollen in der Schule dasselbe Angebot vermitteln. Sondern es sollte Raum dafür bestehen, sich je nach Fach, Interesse und Fähigkeiten in unterschiedlichen Anwendungsbereichen zu spezialisieren. In Konsequenz bedeutet dies aber auch, dass Lehrer/innen-Teams in ihren Schulhäusern eng kooperieren, so dass die neu erworbenen Fähigkeiten – z.B. im Rahmen von klassenübergreifenden Projekten – nicht nur individuell im eigenen Schulzimmer zum Tragen kommen. So gehört es zur Funktion der Schulleitung, Lehrkräfte gezielt für bestimmte Aufgaben einzusetzen (und ihnen dazu eine Weiterbildung zu ermöglichen), um bestimmte Bedürfnisse der gesamten Schule abzudecken.

Ging es bisher um die Funktionen, welche die Weiterbildung im Rahmen der ICT-Qualifizierung von Lehrkräften erfüllen kann, so sollen zum Schluss jene organisatorischen Formen beschrieben werden, die uns in diesem Zusammenhang sinnvoll erscheinen. Dabei gehen wir grundsätzlich davon aus, dass punktuelle Kurse, welche Lehrkräfte individuell besuchen, um sich bestimmte Kenntnisse anzueignen, in Zukunft nicht mehr das Zentrum der Weiterbildungsaktivitäten sein werden. Zunehmend wichtig werden vielmehr schulinterne Weiterbildungen und Nachdiplomstudien.

Schulinterne Weiterbildung
Das Gymnasium St. Mauritz im westfälischen Münster beschreibt auf dem Internet den Vorteil einer schulinternen Lehrerfortbildung wie folgt: «Mittlerweile gibt es eine Reihe von schulexternen Fortbildungsmöglichkeiten, besonders effektiv kann aber eine schulinterne Lehrerfortbildung sein, wenn sie genau auf die Technologie zugeschnitten ist, die an der Schule installiert ist. Wenn Lehrer/innen an denjenigen Computern lernen und mit derjenigen Software arbeiten, die sie später auch in ihrem Unterricht einsetzen werden, ist eine der Hürden, die häufig vom Rechnereinsatz abhält, schon einmal genommen. In diesem Sinne haben wir in den vergangenen Monaten parallel zur sich bereits vollziehenden technischen Entwicklung die schulinterne Lehrerfortbildung erheblich intensiviert, insbesondere auch, um gerüstet zu sein, wenn das geplante Laptop-Modell an unserer Schule Realität wird» (http://buene.muenster.de/mauritz/projekte_in/netdays2000/Lehrerfortbildung/Lehrerfortbildung.html).

Der Bericht aus Münster bestätigt, dass sich in den letzten Jahren das Modell einer schulinternen Weiterbildung immer stärker durchsetzt, in dessen Rahmen sich ein Schulkollegium gemeinsam und im kollegialen Austausch mit bestimmten Inhalten, die ihm auf den Nägeln brennen, auseinander setzt. Weiterbildungsaktivitäten können auf diese Weise viel spezifischer und konkreter auf die Probleme bezogen werden, die an einem Schulhaus bei der Einführung von ICT-Mitteln auftauchen («Weiterbildung nach Mass»). Und es ist auch möglich, die zu lernenden Inhalte durch Absprachen optimal auf die Lernvoraussetzungen der Teilnehmenden abzustimmen, um gezielt ICT- und Medienkompetenzen zu erweitern.

Schulinterne Weiterbildung ist zudem von einem engen Praxisbezug geprägt. Ist es in einem solchen Rahmen doch leicht möglich, konkrete Projekte, die an einer Schule stattfinden aufzugreifen und im Rahmen der Weiterbildung weiterzuentwickeln. Grundsätzlich steht hier das Modell einer lernenden Organisation im Mittelpunkt, wo die individuellen Lernbedürfnisse eng verzahnt mit der Notwendigkeit einer Organisationsentwicklung stehen. Neben der Erweiterung der Kompetenzen der einzelnen Lehrkräfte geht es auch um die Förderung der Zusammenarbeit – etwa indem auf diese Weise Modelle und Formen der kollegialen Beratung eingeführt werden.

Nachdiplomstudien
Zudem werden die ICT-Weiterbildungen zunehmend in Nachdiplomstudien zu bündeln sein. Diese vermitteln formelle Zertifikate für bestimmte Bereiche, die sowohl für die berufliche Weiterentwicklung innerhalb wie auch für eine Karriereplanung ausserhalb der Schule dienen können.

Solche Studien können dabei *einerseits* an neue Aufgaben gebunden werden, die auf die Schulen zukommen und dabei professionelles Wissen erfordern. Denn im Rahmen der Diskussionen um geleitete Schulen wird immer deutlicher, dass die Schule ein «Unternehmen» ist, das sich zunehmend funktionell differenziert und in diesem Rahmen auch neue Positionen anbietet, die mit einem professionellen Wissen verbunden sind. Gerade der Informations- und Technologiebereich ist hier ein Vorreiter. Denn ICT-Mittel sind so komplex, dass dafür Spezialisten notwendig sind, die Support-, Entwicklungs- oder pädagogische Beratungsfunktionen übernehmen.
Beispiele dafür wären etwa:
- *WebMaster* als eine Aufgabe, die überall dort auf die Schulen zukommt, wo diese eine eigene Homepage einrichten. Dazu gehörte sowohl der Umgang mit den Instrumenten der Erstellung von Webseiten wie die Fähigkeit, Planung, Unterhalt und Pflege der eigenen Site sicherzustellen.
- *Informatikbeauftragter* einer Schule im Sinne der Übernahme von Wartungs- und Supportaufgaben (technische Beratung der Lehrkräfte und der Schulleitung, Gewährleistung des Funktionierens der Geräte etc.) im Umgang mit ICT-Mitteln.
- *Öffentlichkeitsarbeit* an Schulen – eine Aufgabe, die einen engen Bezug zu den Medien der Informations- und Kommunikationstechnologien erfordert. Neben ICT-Kompetenzen erfordert diese Aufgabe auch vertiefte medienwissenschaftliche und journalistische Kenntnisse.
- *Computeranimator/innen* als Promotoren der pädagogisch-didaktischen Nutzung des Computers. Diese hätten Lehrkräfte zu beraten, fächerübergreifende Projekte im Schulhaus anzustossen, pädagogische Weiterbildungsmassnahmen zu organisieren etc.

Auf der anderen Seite wäre es auch möglich, Nachdiplomstudien auf eine breitere, mehr inhaltlich definierte, Grundlage zu stellen – zum Beispiel im Rahmen einer vertieften medienpädagogischen bzw. medienwissenschaftlichen Ausbildung. Ein Beispiel dafür ist die internationale Nachdiplom-Ausbildung mit Masters oder europäischem Zertifikat, welches von einem internationalen Universitätskonsortium angeboten wird. Auf der Homepage der federführenden Universität Kassel heisst es dazu: «1988 etablierten die Universitäten Kassel, Dijon, Manchester und das Institute of Education der Universität London innerhalb des ERASMUS- und SOCRATES-Programms der Europäischen Union ein bilaterales kooperatives Studienprogramm. Die Federführung liegt seither in Kassel und Dijon. Zuerst wurde das European Certificate entwickelt, das Studierende der Lehrämter und Medienpädagogik (Kassel, London), der angewandten Sprachwissenschaft (Dijon, Manchester), der Semiotik (London, Dijon), der Kultursoziologie (Florenz) und der Medienwissenschaft und einzelne Medien (Barcelona, London) zum Studium zweier medienwissenschaftlicher Felder ermutigte» (online auf: http://www.uni-kassel.de/fb1/mediafb1/).

Der Mastersgrad wird z.B. nach Absolvierung eines einjährigen internationalen Ergänzungsstudiengangs Medien- und Kulturwissenschaften verliehen. Er ist auf Hochschulstudierende ausgerichtet, die sich für Fragen der Medien und Kommunikation interessieren. In Kassel wird dieser Studiengang im Rahmen der medienpädagogischen Ausbildung angeboten. Inhaltlich wird er damit begründet, dass der Medienmarkt qualifizierte Mitarbeiterinnen und Mitarbeiter benötige, wobei es an festgeschriebenen Ausbildungsmustern fehle. Eine internationale Spezialisierung auf der Basis eines vorausgegangenen allgemeinen Studiums helfe, die Tür zum Berufsfeld der Medien und der Medienkultur zu öffnen.

Inhalte des angesprochenen Studiengangs sind:
– Theorie und Geschichte von Medien und Kommunikation
– Institutionen, Medienrecht, Medienökonomie und Medienpolitik
– Medien als Texte, Medienproduktion und Medienanalyse
– Medienrezeption, Subjektkonstitution und Medienpädagogik

Generell scheint es empfehlenswert, solche Nachdiplomstudien in einem Verbundsystem mit anderen Institutionen – möglichst über regionale und staatliche Grenzen hinaus – aufzubauen und die Zertifizierung über international anerkannte Systeme wie das ECTS-Punktesystem abzusichern. Damit können solche Nachdiplomstudien hohe Qualität erreichen, indem sich international anerkannte Expert/innen daran beteiligen. Dies ist im Bereich von Medien und Kommunikation auch deshalb wichtig, weil im Zeitalter der Globalisierung die Phänomene, welche Inhalt eines solchen Studiums sind, ohnehin an den Landesgrenzen nicht haltmachen, sondern – wie z.B. im Bereich der Medienökonomie – mit Vorteil im europäischen oder weltweiten Kontext betrachtet werden.

Es ist zudem abzusehen, dass in diesem Rahmen das Online-Learning eine besondere Bedeutung bekommen wird. Der Einsatz solcher Kommunikationsplattformen ermöglicht es, dass Studierende aus mehreren Regionen und Ländern gleichzeitig an einem solchen Bildungsprogramm teilnehmen können.

ICT als Aufgabe der Grundausbildung
Soll die Weiterbildung nicht alle Lasten tragen, wird es notwendig sein, in den nächsten Jahren in der Lehrerbildung eine Grundausbildung im ICT-Bereich zu

verankern, welche den Bedürfnissen der gegenwärtigen Diskussion um Computer und Schulwesen genügt. Dies betrifft nicht nur die Schweiz, sondern auch alle anderen deutschsprachigen Länder – in dem Sinne, in welchem die Medienpädagogen Dieter Spanhel und Gerhard Tulodziecki die damit verbundene Problematik umreissen: «Medienkompetente Schüler setzen medienpädagogisch kompetente Lehrer voraus. Der Lehrerqualifizierung kommt deshalb eine Schlüsselrolle für den erfolgreichen Medieneinsatz sowie für die Wahrnehmung der notwendigen Erziehungs- und Bildungsaufgaben in Schule und Unterricht zu. Noch aber fehlt es an einer Ausbildung im Lehramtsstudium» (Spanhel/Tulodziecki 2001, S. 9).

In Deutschland ist es das von Bertelsmann unterstützte Hochschulnetzwerk «Lehrerausbildung und Neue Medien», welches die Bestrebungen einer zeitgemässen Medienpädagogik für die Schulen massgeblich unterstützt, wobei der Akzent insbesonders auf dem Erwerb medienpädagogischer Kompetenzen für die Erstausbildung aller Lehrkräfte liegt. In der Schweiz besteht die Chance, dass im Zug der gegenwärtig entstehenden Pädagogischen Hochschulen auch die Fragen der neuen Medien und der Medienpädagogik einen angemessenen Platz finden. So hat z.B. die im Entstehen begriffene Pädagogische Hochschule Zürich als eine der ersten curricularen Massnahmen die Einrichtung eines Fachbereichs «Information und Kommunikation» beschlossen.

Wie kann nun aber eine verstärkte Einbindung medienpädagogischer Inhalte in die Ausbildung von Lehrkräften inhaltlich begründet werden, nachdem solche Bestrebungen seit der Mitte des letzten Jahrhunderts immer wieder auf die lange Bank geschoben wurden? Wesentlich für die Begründung einer verstärkten Ausbildung im ICT- und Medienbereich ist es, dass sich die Ausgangssituation seither verändert hat. Zwar wurde bereits in der zweiten Hälfte des letzten Jahrhunderts deutlich, dass die Gesellschaft sich in Richtung einer «Mediengesellschaft» wandelte. Gleichzeitig hatte man dabei jedoch vor allem die Erziehungsfunktionen im Auge – nämlich zu vermitteln, wie im vorwiegend ausserschulischen Feld Einfluss und Wirkung der Medien zu gewichten sind. Medien galten dabei vor allem als «Massenmedien», welche durch ihre schnelle Verbreitung (Fernsehen, Film, Radio etc.) zunehmend zu «geheimen Miterziehern» von Kindern und Jugendlichen wurden. Die Medienfrage bekam damit als Sozialisationsfaktor bzw. im Rahmen darauf bezogener Massnahmen einer aktiven Medienerziehung einen gewissen Stellenwert in der Ausbildung – allerdings keinen zentralen.

Heute stehen wir im ICT-Bereich vor einer ganz neuen Situation. Denn es geht nicht mehr um die Frage von Freizeitmedien und ihrer Wirkung auf die Entwicklung der Heranwachsenden. ICT-Medien sind vielmehr ein Bildungsmedium, das bei allen Fragen des schulischen Lernens eine zunehmende Rolle spielt. Damit sind sie zunehmend von der Peripherie des Nachdenkens über Ge-

sellschaft, Schule und Kindheit ins Zentrum gerückt. Gründe dafür gibt es mehrere:
- Mit der Expansion und Vervielfältigung der Medien (vom privaten Fernsehen, bis hin zu Handy und Internet) ist deutlich geworden, dass Kommunikation und Medien die Gesellschaft nicht nur abbilden, sondern ihre Struktur entscheidend mitprägen.
- Wenn der Computer als neues Bildungsmedium für die Schulen alltagstauglich geworden ist, bedeutet dies, dass Medienpädagogik und informationstechnische Bildung immer stärker zusammenrücken und verschmelzen.
- Medien sind in der heutigen Erziehung nicht mehr nur «geheime Miterzieher», vielmehr ist die mediale Sozialisation zu einem zentralen Faktor der Einflussnahme auf Heranwachsende geworden.
- In der Diskussion um ICT-Mittel zeigt es sich, dass diese ein Schlüssel sein könnten, um auf Seiten der Schülerinnen und Schüler selbständige und autonome Lernprozesse in den Schulen zu fördern.

Durch diese Entwicklung ist die Perspektive einer medienpädagogischen Ausbildung eine andere geworden als in der bewahrpädagogischen Tradition des letzten Jahrhunderts. So geht es denn heute nicht mehr um die Aufgabe, durch Bildung Schutz gegen den Sog bzw. die Verführung durch technische Medien zu schaffen. Vielmehr stellt sich die Frage, wie die Kreativität und das aktive Potential der Menschen in der Arbeit mit Medien und ICT-Mitteln genutzt werden kann. Wenn wir – um Niklas Luhmann (2000) zu paraphrasieren – immer mehr das, was wir wissen, über die Medien wissen, dann geht es nicht (mehr) um eine Fundamentalkritik an dieser Tatsache, sondern darum, dass wir nicht passive Opfer sondern aktive Mitkonstrukteure an diesem Wissen werden.

Aus solchen Überlegungen und den weiter oben formulierten ICT-Standards lassen sich inhaltliche Schwerpunkte für eine medienpädagogische Ausbildung im Rahmen der Lehrerausbildung entwickeln. Dabei ist es primär wichtig, diese nicht als reine Informationstechnik zu definieren. Im Mittelpunkt hat vielmehr die pädagogisch-didaktische Arbeit mit ICT-Mitteln und weiteren Medien sowie deren Reflexion zu stehen. In einer – für alle Studierenden verbindlichen – Grundausbildung ist etwa an folgende Inhalte zu denken, die zu vermitteln wären:

1. Formen pädagogischer Kommunikation: Hier geht es darum aufzuzeigen, wie unterschiedliche Medien die Kommunikationsform verändern und dabei auch unterrichtliche Zielsetzungen mitbeeinflussen (ein Chat im Internet ist etwas völlig anderes wie ein direktes Gespräch, die Vermittlung eines Gegenstandes mittels Lernsoftware stellt andere Aspekte in den Vordergrund als die Erarbeitung im Klassenverband). Neben Wirkungsaspekten geht es dabei um Kommunikationsregeln und um einen kritischen Vergleich unterschiedlicher

Kommunikationsformen.

2. Lernen mit Medien: Lernprozesse finden heute immer stärker mit Hilfe von elektronischen Medien statt. Das reicht von Lernsoftware bis zu Lernarrangements, welche Online stattfinden. Es ist zu erwarten, dass sich in den nächsten Jahren solche Anstrengungen noch verstärken. Auch die Schulen werden von der Primarschule an mit diesen Entwicklungen intensiv konfrontiert werden. Dies bedeutet aber, dass Lehrkräfte lernen müssen, solche neue Lernformen zu nutzen und diese in Lernarrangements für ihre Klassen zu integrieren.

3. Medienkindheit: Zukünftige Lehrer und Lehrerinnen sollten über Medieneinflüsse auf heutige Kinder und Jugendliche Bescheid wissen. Gerade weil davon auszugehen ist, dass in den Schulen Medienpädagogik eher übergreifendes Thema als ein Schulfach ist, müssten alle Lehrkräfte dazu befähigt werden, Gesichtspunkte der Medienerziehung (vom Buch, Film, Fernsehen bis zum Computer und zum Internet) in ihrem Unterricht wahrzunehmen.

An diesen drei Themenbereichen entlang müsste sich meines Erachtens ein Minimal-Curriculum für die Grundausbildung im ICT-Bereich orientieren. Gleichzeitig wäre es wichtig, dass sich interessierte Studierende in Wahlbereichen vertieft mit einem Schwerpunkt «Kommunikation und Medien» auseinandersetzen könnten.

Ein inhaltliches Beispiel dafür, wie ein solches Konzept realisiert wird, stellt das im deutschen Hochschulnetzwerk ausgearbeitete Rahmenkonzept für neue Medien im Lehramtsstudium dar (Spanhel/Tulodziecki 2001, S. 9ff.). Ziel ist es, damit ein medienpädagogisches Pflichtprogramm zur Qualifizierung der Studierenden aller Schularten festzulegen. Das auf drei Module – im Sinne von Pflichtveranstaltungen im Umfang von zwei Semesterwochenstunden – festgelegte Lehrangebot umfasst grundlegende Kenntnisse, Fähigkeiten und Fertigkeiten in folgenden Bereichen:

- **(A)** Grundlagen der Verwendung und Gestaltung von Medien und Erziehung.
- **(B)** Nutzung von Medien- und Informationstechnologien für Lehr- und Lernprozesse.
- **(C)** Erziehungs- und Bildungsaufgaben im Medienbereich und ihre schulische Umsetzung.

Im Bereich **A** wird dabei eine Pflichtveranstaltung vorgeschlagen, in welcher es um Theorien und Konzepte zur Verwendung und Gestaltung von Medien und Informationstechnologien geht. Hier soll ein Leistungsnachweis erworben werden, der auf das erziehungswissenschaftliche Studium angerechnet wird. Themen sind in diesem Zusammenhang etwa:
- «Theorien und Konzepte zur Verwendung und Gestaltung von Medien und

Informationstechnologien in Erziehung und Bildung,
- Entwicklungen im Bereich der Medien sowie der Informations- und Kommunikationstechnologien,
- Gesellschaftliche Bedeutung der Medien und Informations- und Kommunikationstechnologien bzw. gesellschaftliche Aufgaben, z.B. Medienpolitik, Jugendschutz, Datenschutz,
- Ansätze zur Medientheorie und Medienforschung,
- Funktionale Prinzipien informationstechnischer Systeme, Struktur und Arbeitsweise des Computers, vernetzte Systeme, Problemlöseverfahren,
- Medienerleben und Medienrezeption von Kindern und Jugendlichen und ihre Bedeutung für Erziehung und Sozialisation,
- Bedeutung der Mediennutzung für Lernen und sozial kognitive Entwicklung,
- Informationstechnologien und Geschlechterverhältnisse und -differenzen,
- Aufgaben der Schule im Bereich der Medien und Informations- und Kommunikationstechnologien,
- Konzepte und Prinzipien der Medienerziehung, Mediendidaktik und informationstechnischen Bildung,
- Auswahl und Nutzung von Medien und informationstechnischen Systemen für die Neugestaltung von Lehr- und Lernprozessen für die Schulentwicklung,
- Möglichkeiten zur Kooperation zwischen schulischer und ausserschulischer Medienarbeit» (Spanhel, Tulodziecki 2001, S. 15f.)

Dazu kommen Wahlpflicht- und Wahlveranstaltungen in den Bereichen B und C.

Der Bereich **B** wird auf drei Perspektiven hin beschrieben:
- auf die Grundlagen der Nutzung von Medien und Informationstechnologien in Lehr- und Lernprozessen hin,
- mit Bezug auf die Nutzung von Medien und Informationstechnologien im fachlichen und überfachlichen Unterricht,
- mit Hinblick auf eigene Gestaltung von Medien für fachliche und überfachliche Lernprozesse.

Im Bereich **C** geht es um:
- Erziehungs- und Bildungsaufgaben im Bereich von Medien und Informationstechnologien,
- Medienerziehung bzw. informationstechnische Grundbildung im fachlichen und fächerübergreifenden Unterricht,
- Medienpädagogik und Schulentwicklung.

Wegweisend an diesem Konzept des Hochschulnetzwerks ist der integrative Charakter der Ausbildung im Bereich der «neuen Medien»; er vollzieht das Zusammenwachsen von informationstechnischer Grundbildung und Medienbildung nach und zeigt damit exemplarisch, in welche Richtung sich Ausbildungsinhalte im Bereich von ICT und Medien in den nächsten Jahren entwickeln müssen. Allerdings wird auf der anderen Seite auch deutlich, dass mit den vorhandenen Semesterstunden ein so umfangreiches Programm wohl nur ausschnittweise und exemplarisch bzw. über individuelle Wahlmöglichkeiten abgedeckt werden kann.

Im Weiteren fällt an diesem Konzept auf, dass es stark von den reflexiven Ansprüchen eines auf wissenschaftlicher Basis konzipierten Universitätsstudiums geprägt ist. Damit stellt sich die Frage, wo spezifische Fertigkeiten und Know-how im pädagogischen Umgang mit ICT-Mitteln erworben werden. Die Externalisierung auf eine später stattfindende Referendariats-Ausbildung scheint eine eher problematische Lösung.

Es könnte eine Chance der in der Schweiz verfolgten Tendenz sein, die Lehrerbildung auf Fachhochschulniveau anzusiedeln, dass hier den praktischen Aspekten der Ausbildung besondere Beachtung geschenkt wird. Vor allem die gegenüber Deutschland einphasige Lehrer/innenausbildung bietet gute Möglichkeiten, ICT-Mittel von Anfang an in einem engen Theorie-Praxis Bezug zu vermitteln. Dies erleichtert es, diese Instrumente im praktischen Vollzug kennen zu lernen und die technische Beherrschung und Einübung als Lerndimension einzubeziehen. Bedingung ist es allerdings, dass es bei der Konzipierung solcher Studiengänge gelingt, das Experimentieren mit den Möglichkeiten dieser Werkzeuge und die darauf bezogene pädagogisch-didaktische Reflexion eng miteinander zu verzahnen.

Teil IV
Empfehlungen für die Einführung von ICT in den Schulen

Zum Schluss dieses Trendberichts soll zusammengefasst werden, worauf zu achten ist, wenn die Informations- und Kommunikationstechnologien in den Schulen eingeführt werden. Wie im ganzen Bericht gehen wir dabei vom Leitgedanken einer pädagogisch-didaktischen Integration der ICT-Mittel in der Schule aus. Denn nur so kann die Technikfalle vermieden werden. Zentral ist in diesem Zusammenhang die Forderung nach einem «didaktischen Mehrwert», den die Informations- und Kommunikationstechniken für Schule und Unterricht erbringen. D.h. der Nutzen des Computereinsatzes in der Schule hängt davon ab, ob mit ICT-Mitteln besser gelernt wird als ohne bzw. ob sich Schüler/innen auf diese Weise Dinge aneignen, die ohne Computer nicht gelernt werden können. Mit anderen Worten: Der Einsatz der Technologien lohnt sich dann, wenn sie die Produktivität und die Effizienz der Institution Schule nachhaltig unterstützen.

1. Die Einführung der ICT-Technik in die Schule ist als umfassendes Schulentwicklungsprojekt zu planen und durchzuführen

Informations- und Kommunikationstechniken sind für Schulen nicht einfach Instrumente und Werkzeuge. Vielmehr handelt es sich um Katalysatoren, an denen Veränderungen in der Lernkultur ersichtlich werden. Denn diese Techniken haben auch soziale Folgen, indem sie Arbeits- und Organisationsprozesse verändern, und dies wiederum bleibt nicht ohne Auswirkungen auf die Beziehungsformen zwischen den daran Beteiligten.

Eine Schule, welche ICT-Mittel einführen will, sollte deshalb nicht allein auf der technischen Ebene sondern ganzheitlich vorgehen und alle wesentlichen Systemfaktoren mit einbeziehen. In dieser Hinsicht stimmen wir mit Bruck/Geser (2000, S. 115) überein, die herausstellen, dass nur dann eine effektive Verzahnung der unterschiedlichen Dimensionen eines ICT-Projektes in der Schule erreicht werden kann, wenn ihr Ineinandergreifen durch ein Projektmanagement organisiert wird. Das bedeutet in Aufnahme einer tabellarischen Darstellung von Bruck/ Geser (2000, S. 116) die Berücksichtigung folgender Aspekte der Projektplanung:

Technische Infrastruktur
- Gestaltung der ICT-Umgebung mit der Entscheidung über verschiedene technische Projektparameter (Formen der Vernetzung, Gerätetypen, Internet-Zugang, Peripheriegeräte).
- Sicherstellung von Support und Wartung auf verschiedenen Ebenen.

Kosten
- Budgetplanung unter Einbezug der Beschaffungs- und der laufenden Kosten für technische Infrastruktur und pädagogische Weiterbildungsmassnahmen.
- Etappenweise Bereitstellung der erforderlichen Mittel (TCO-Kosten).
- Überlegungen zum Sponsoring und zu den Lizenzierungskosten im Bereich der Software.

Lehrkräfte und Schüler/innen
- Bildung eines Informatikteams als Steuergruppe.
- Schulungsmassnahmen im pädagogischen und technischen Bereich – insbesondere auch auf der Ebene der schulinternen Weiterbildung.
- Einbezug von Power-Usern auf der Schülerseite in die Projektverantwortung.
- Bewusster Umgang mit der Frage von geschlechtsspezifischen Unterschieden.

Lehr- und Lerninhalte
- Orientierung über ICT-Angebote durch das Informatikteam.
- Herausarbeiten von didaktischen ICT-Angeboten, deren Nutzung mit einem Mehrwert verbunden ist.
- Auswahl von bzw. Entwicklung von geeigneten Unterrichtmaterialien und Unterrichtsplanungen.

Unterrichtsorganisation
- Integration der ICT-Mittel in die tägliche Unterrichtsarbeit.
- Entwicklung geeigneter Lernformen für das Lernen mit ICT-Unterstützung (Wochenplan, Werkstätten, Projektunterricht etc.).

Wenn hier eine zusammenfassende Empfehlung vorangestellt wird, dann soll damit verdeutlicht werde, dass es sich im Folgenden nicht um unzusammenhängende Einzelvorschläge handelt. Vielmehr ist es notwendig, ein Projekt im Zusammenspiel der genannten Ebenen zu strukturieren. Dies sollte bewusst bleiben, wenn wir nun einzelne der genannten Aspekte weiter vertiefen und kommentieren.

2. Die Einführung der Informatik in einem Schulhaus ist Teil der Schulentwicklung und der Definition einer Team- bzw. Lernkultur

Wenn die Informations- und Kommunikationstechnologien nicht einfach Hilfsmittel für den Unterricht sein sollen, sondern in der Perspektive der Vorbereitung eines Lebens in der Informationsgesellschaft selbst eine inhaltliche Zielperspektive für die Schule beinhalten, dann kann deren Einsatz nicht einfach ins Belieben der einzelnen Lehrkräfte gesetzt bleiben. Es braucht eine vom Kollegium getragene gemeinsame Vision, die von einer Schule entwickelt wird. In ihr sollte deutlich zum Ausdruck kommen, welcher Stellenwert dem Einsatz von ICT-Mitteln an dieser Schule zukommt. Der Umgang mit Medien sagt dabei recht viel über den Geist aus, der an einer Schule herrscht bzw. wie sich ein Schulkollegium den aktuellen Herausforderungen der Gesellschaft gegenüber verhält. Nicht zuletzt prägt der Einsatz von ICT-Mitteln das Lernklima einer Schule mit.

So heisst es z.B. im Schulprogramm der Grundschule Schlangen am Teutoburger Wald, das im Internet präsentiert wird:

«Medien an der Grundschule Schlangen
Der Umgang mit Medien ist ein wichtiger Baustein beim Lernen der Kinder. Ziel unserer Bemühungen ist ein mündiger und selbstständiger Umgang mit allen Medien.

Über das Schulbuch im jeweiligen Fach hinaus ist an unserer Schule in jeder Klasse eine Leseecke eingerichtet. Hier können die Schülerinnen und Schüler in freien Arbeitsphasen oder in Lesestunden in Bilder- oder Sachbüchern, in Kinderbüchern oder Lexika schmökern und sich informieren und kostenlos ausleihen. Neben Büchern haben auch audio-visuelle Medien wie Fernsehen, Videos, Filme, Tonträger und zunehmend der PC ihre Bedeutung im Unterricht.

Zu diesem Zweck ist in der GS Schlangen ein Computerraum[8] eingerichtet. Wenn der Schulneubau fertig ist, wird dieser Raum noch grösser und mit mehr Computern ausgestattet sein. Zur Zeit verfügen wir über Lernsoftware für Mathematik, Sprache, Sachunterricht und zur Förderung der visuellen Wahrnehmung. Die vorhandenen Computer werden von den Schülerinnen und Schülern ausserdem zum Schreiben und Überarbeiten eigener Texte genutzt.

Die GS Schlangen hat im Schuljahr 1999/2000 an der Aktion «Schulen ans Netz» teilgenommen, in deren Verlauf die Schule einen Internetzugang bekam. Unsere Aufgabe war es – zusammen mit den Kindern – eine «Homepage» der GS Schlangen zu erstellen. Diese Aufgabe hat die Computer-AG gelöst. Es ist zudem geplant, dass in absehbarer Zeit jede Klasse über eine Computerecke mit zwei PCs im Klassenraum verfügen kann» (http://home.t-online.de/home/grundschule-schlangen/unser_schulprogramm.html#2.).

Die klare Profilierung von Schulen ist umso besser zu realisieren, je mehr sich der gegenwärtige Trend durchsetzt, wonach Schulen vermehrt als klar strukturierte und geleitete Einheiten zu führen sind. Schulen, die (teil-)autonom geleitet werden, können selbständig Schulprofile akzentuieren, die den Umgang mit ICT-Mitteln als Merkmal einer zeitgemässen Schule einbeziehen. In diesem Rahmen kann der Computereinsatz zum Teil des Schulprogramms – und in vielen Fällen auch zu einem Schwerpunkt der Schulentwicklung werden.

Diese Forderung ist für den Einsatz der ICT-Mittel wichtig, weil wir davon ausgehen, dass Computer in den Schulen dann besser genutzt werden, wenn die Lehrkräfte sie in einer für sie akzeptierten und als fruchtbar erachteten Form in den Unterricht integrieren können. Dies beginnt bereits bei der technischen Infrastruktur: Sind die – aus der Perspektive der Lehrkräfte – «falschen» Programme installiert, oder sind die Örtlichkeiten, wo die Computer platziert wurden, für sie ungünstig, darf man sich nicht wundern, wenn die Nutzung zu wünschen übrig lässt. Noch wichtiger aber ist die Entwicklung einer gemeinsamen Lernkultur, in welcher ICT-Mittel ihren klar definierten Platz haben. Wenn z.B. in einer Schule didaktische Formen wie Wochenplan oder Projektunterricht «üblich» sind, dürfte es auch leichter fallen, das innovatorische Potential des ICT-Unterrichts zum Tragen zu bringen.
Mit anderen Worten: Es müsste zur Sache des gesamten Kollegiums werden,
- welche Funktion dem Arbeiten mit ICT-Mitteln in einem Schulleitbild zukommt,
- in welchem Rahmen die Hardware in der Schule den Lehrkräften und den Schüler/innen zu Verfügung gestellt wird (in speziellen Computerräumen, in den Klassenzimmer, offen zugänglich in öffentlichen Bereichen der Schule).
- welche Software in der Schule angeschafft wird,
- wie man mit dem Internet umgeht bzw. in welchem Ausmass die Schüler/innen dazu Zugang haben,
- wie der Computer in klassenübergreifenden Projekten eingesetzt wird,
- wie man in einem Schulteam das Verhältnis von Lernen und Einsatz von ICT-Mitteln definiert.

Werden Computer in diesem Sinn als Teil des Profils der einzelnen Schulen verankert, so kann dies nicht allein durch individuelle Fortbildungsstrategien geschehen. Vielmehr ist es notwendig, dass Schulen als lernende Organisationen die Nutzung des Computers als Arbeitsmittel systematisch und integriert entwickeln. Bruck/Geser (2000, S. 116) plädieren in einem ähnlichen Sinn dafür, dass die Schulen von einer «gemeinsamen Vision des Lehrens und Lernens» ausgehen sollten, einer Bestimmung der wesentlichen Ziele, welche eine Schule im Zeitraum von bis zu fünf Jahren erreichen wolle. Diese könnten etwa heissen: «Wir wollen im Jahr 2002 eine Schule sein, in der mit den neuen Medien auf hohem didaktischen und technischen Standard vernetzt gelehrt und gelernt wird.» In ähnlichem Sinn wird in den nordrhein-westfälischen Orientierungshilfen zur Ausstattung der Grundschulen für das Lernen mit Neuen Medien empfohlen, dass sich möglichst das ganze Kollegium mit der Einführung Neuer Medien und von Computern in den Unterricht auseinandersetzen solle: «Die Kolleginnen und Kollegen sollten diskutieren, welcher «Endausbau» mit Computern für die eigene Schule geplant werden soll, wie begonnen werden kann und in welchen Schritten der weitere Ausbau erfolgen könnte» (http://www.learn-line.nrw.de/angebote/medienberatung/tx_ohgs2.htm#Windows%20oder)

3. Der ewige Streit um die «richtige» Hardware: situationsbezogene Lösungen anstatt Glaubenskriege

Der Streit um das «richtige System» wird oft als Glaubensfrage behandelt. Macintosh-Fans sehen es als Verrat an der pädagogischen Sache an, wenn in der Primarschule plötzlich Windows-Geräte eingeführt werden. Anhänger von Netzlösungen sehen nur noch die schlanken und technisch raffinierten Netzinstallationen etc. Winword-Anhänger betrachten es als pädagogisches Unglück, wenn aus Lizenzgründen WordPerfect als Textverarbeitung bevorzugt wird etc.

Wir gehen hier davon aus, dass die Computertechnologie heute generell ausgereift ist und eine Vielzahl von Lösungen anbietet, die den Ansprüchen der Schule genügen und mit denen man leben kann. In der nordrhein-westfälischen Orientierungshilfe zur Ausstattung der Grundschulen für das Lernen mit Neuen Medien heisst es z.B. zur Frage der Betriebssysteme:

«Die heute angebotenen Rechner mit dem Betriebssystem ‹Windows› und auch mit dem Betriebssystem ‹MacOS› verfügen in der Regel bereits in der Grundausstattung über alle für einen ‹Multimedia-PC› notwendigen Komponenten. Für beide Betriebssyteme gibt es auch für Grundschulen geeignete Standardprogramme wie Textverarbeitungen, Mal- und Zeichenprogramme etc., die oft auch schon zur Grundausstattung gehören. Viele der aktuellen CD-ROMs, die auch für die Grundschule in Frage kommen, sind so gemacht, dass sie unter beiden Betriebssystemen verwendet werden können, und auch die Programme, mit denen auf das Internet zugegriffen werden kann, unterscheiden sich unter den beiden Betriebssystemen kaum. Kurz: beide Rechnertypen sind für die Ausstattung von Medienecken in der Grundschule grundsätzlich geeignet» (http://www.learn-line.nrw.de/angebote/medienberatung/tx_ohgs2.htm#Windows%20oder).

Für welches der Systeme bzw. Systemkomponenten man sich am Schluss entscheidet, muss dennoch gut überlegt werden. Denn die Systembetreuung und der Support werden vereinfacht, wenn nicht verschiedene Systeme nebeneinader bestehen. Pro und contra werden jeweils eine Vielzahl mehr oder weniger stichhaltiger Gründe angeführt: Mac-Befürworter betonen z.B. die lange Tradition dieses Betriebssystems in den Schulen, die Ausgereiftheit und einfache Benutzbarkeit der grafischen Oberfläche, das gute Handling im Netz, die innovativen Lösungen wie die Möglichkeit, Laptops per Funk auf einfache Weise zu vernetzen etc. Windows Anhänger legen Wert darauf, dass Windows in den letzten Jahren von der Bedienbarkeit her ebenfalls zugelegt habe, dass es bereits eine Reihe von Lernprogramme gäbe, die nur noch unter Windows verfügbar seien, dass man bei der Hardware nicht von einem Anbieter abhängig sei, und dass die Kinder in den Schulen auf jenem Betriebssystem arbeiten könnten, das sie vom heimischen PC gewohnt seien. Dies sind einige Aspekte, welche in solchen Diskussionen regelmässig genannt werden. Hier wollen wir lediglich die Argumente aufführen, ohne die Entscheidung vorwegzunehmen.

Etwas anders ist die Situation bei der Vernetzung. Hier scheint es sich immer mehr durchzusetzen, dass man in den Schulen eine vernetzte ICT-Umgebung anstrebt (wobei es auch dazu unterschiedliche technische Lösungen gibt – vom lokalen Netzwerk bis zu übergreifenden Terminalserver-Konzepten). Netzlösungen haben den Vorteil, dass alle angeschlossenen Computer die gleiche Konfiguration aufweisen und dass überall auf das Internet zugegriffen werden kann (nicht nur von jenem Einzelplatz-Computer, der direkt mit dem Modem an der Telefonleitung angeschlossen ist). Vor allem die Wartung kann durch ein Netzwerk vereinfacht werden, was Grepper/Döbeli (2000) dazu führt, dass sie in ihrer Broschüre zur Beschaffung und zum Betrieb von Informatik grundsätzlich von vernetzten ICT-Umgebungen in Schulen ausgehen.

Allerdings muss hier auch betont werden, dass Netzwerk-Lösungen nicht aus dem Schulbereich, sondern aus der Wirtschaft stammen – wobei ein ganz wesentlicher Unterschied zu beachten ist. In Wirtschaftsbetrieben geht es im Wesentlichen darum, wenige Standardapplikationen möglichst allen Mitarbeiter/innen zugänglich zu machen. In den Schulen sind solche Standardprogramme – etwa eine Textverarbeitung oder ein Datenbankprogramm – zwar auch ein Teil der Arbeitsumgebung; daneben ist es aber sehr wichtig, dass Lehrkräfte – je nach Bedarf auf eine Vielzahl verschiedener Anwendungen zurückgreifen können, die sie lernzielspezifisch zur Optimierung von Unterrichtsprozessen einsetzen.

Es ist deshalb u.E. notwendig, dass neben der im Netzwerk generell zur Verfügung gestellten Software die einzelnen Lehrkräfte die Möglichkeit haben, ihre individuellen Programme zu nutzen; evtl. auch einmal ein Programm zu installieren, das sie allein für die individuelle Förderung einer kleinen Schüler/innengruppe benötigen. Diese Forderung hat im Übrigen auch lizenzrechtliche Gründe. Individuelle Programme müssen von einer Lehrkraft auch eingesetzt werden können, ohne dass dafür gleich in jedem Fall eine Lizenz für die gesamte Schule notwendig wird.

Eng mit der Frage des Netzwerks verknüpft ist die in letzter Zeit – aufgrund neuer technischer Möglichkeiten – gestiegene Attraktivität von Laptops bzw. von Laptop-Flotten. Laptops von Apple können z.B. über eine einfache Funklösung (Airport) miteinander vernetzt werden. Damit aber bieten sich mithilfe von mobilen Geräten sehr flexible Lösungen an. Denn es braucht jetzt nicht mehr in jedem Klassenzimmer stationär sieben bis acht Geräte, wenn die gesamte Klasse mit Computern arbeiten will. Vielmehr kann die notwendige Anzahl von Computern bei Bedarf aus dem Gerätepool der Schule entnommen werden.

Auf diese Weise können mehrere Klassen auf denselben Gerätebestand zurückgreifen – was letztlich zu einer intensiveren Nutzung der Geräte als bei einer stationären Lösung führt. Und es besteht so auch die Möglichkeit, bei der Ausstattung eines Schulhauses mit weniger Geräten auszukommen. Nicht zuletzt sind in letzter Zeit die Anschaffungskosten für mobile Geräte gesunken, so dass eine solche Laptop-Lösung attraktiver geworden ist.

Daneben steht allerdings die Frage, ob Laptops nicht störungsanfälliger sind, und wie sorgsam Schüler/innen mit mobilen Geräten umgehen. Eine kürzere Lebensdauer könnte Einsparungseffekte auch wieder aufheben. Dennoch steht im Rahmen der Hardware-Beschaffung heute die Frage der Laptops auf der Traktandenliste. Dabei handelt es sich nicht um eine Ausschliesslichkeitsfrage. So wäre es auch möglich, eine Grundausstattung von zwei bis drei Computern (stationär) in den einzelnen Klassenzimmern durch eine zusätzlich Laptop-Flotte zu ergänzen. Und schliesslich gibt es Visionen, wonach jeder Schüler seinen eigenen Laptop erhält, den er sowohl zuhause wie in der Schule benutzen kann (wobei die Geräte mit einem Elternbeitrag finanziert werden).

4. Keine Einheitslösung aber gezielte Rahmenvorgaben für die Gestaltung lokaler ICT-Umgebungen

Im Rahmen all dieser Möglichkeiten scheint es sinnvoll, auch das Hardwarekonzept möglichst auf die Bedürfnisse des jeweiligen Schulstandorts und der dort unterrichtenden Lehrkräfte abzustimmen. Darin spiegelt sich die Tatsache, dass in einem komplexen Schulsystem mit verschiedenen Stufen und Schultypen unterschiedliche Traditionen und Bedürfnisse bestehen. In diesem Zusammenhang ist auch darauf zu verweisen, dass es heute schon Schulen gibt, die seit mehr als einem Jahrzehnt Erfahrungen mit Computern und Schulinformatik haben, während andere erst seit wenigen Jahren ins Computerzeitalter «umsteigen». In manchen Schulen sind Computerräume Tradition, in anderen gibt es ausschliesslich Geräte in den Klassenzimmern. Solchen Umständen sollte in der Realisierung von schulischen ICT-Umgebungen Rechnung getragen werden. Dabei können – im Rahmen des Budgets – auch lokal unterschiedliche Möglichkeiten implementiert werde. Auf jeden Fall ist es meist nicht sinnvoll, von einem Tag auf den anderen das Konzept zu verändern und eine ganz neue Ausrüstung zu ordern. Denn damit werden auch bestehendes Know-how und Erfahrungen über Bord geworfen – oft noch bevor sich neue Gebrauchsformen entwickelt haben. Sinnvoller wird es sein, die Integration der «neuen» Computerkultur in die bestehende sorgfältig zu planen und auf die Bedürfnisse und Interessen der betroffenen Lehrkräfte Rücksicht zu nehmen.

Allerdings sollte ein verstärkter Einbezug der Bedürfnisse «vor Ort» nicht dazu führen, dass ein Wildwuchs an unterschiedlichen System-Lösungen entsteht, der letztlich den Support sehr viel aufwändiger macht und damit grosse Folgekosten nach sich zieht. Eine Fachstelle sollte deshalb eine Reihe von Modellen skizzieren, die auf sinnvolle Weise zu realisieren sind. Hier wäre auch technische Beratung zu leisten, wenn die Lehrkräfte an den einzelnen Schulstandorten Schwierigkeiten haben, ihre pädagogischen Vorstellungen in technisch machbare Lösungen umzusetzen.

Grundsätzlich müsste es aber möglich sein, Modelle zu realisieren, die
- stärker auf die Einbindung der Geräte in Computerräumen basieren (und in den Klassenzimmern weniger Geräte zu platzieren),
- darauf beruhen, die Klassenzimmer insgesamt zu verkabeln und die Geräte dorthin auszulagern.
- Laptop-Lösungen zur Flexibilisierung des Computereinsatzes einbeziehen.

Sollten Lehrkräfte von privater Seite zusätzliche Computer zur Verfügung gestellt werden, scheint es sinnvoll, dass diese zusätzlichen Geräte in das Schulhauskonzept integriert werden. D.h. es muss ihnen freigestellt sein, diese zu benutzen (wenn sie vielleicht auch den Support dafür privat organisieren müssten). Jedenfalls sollte es kein Hindernis darstellen, einen Einzelplatzcomputer[9] zusätzlich im Klassenzimmer zu benutzen, auch wenn dieser nicht ins bestehende Schulnetz integriert ist.

5. Der technische Support als Voraussetzung eines funktionierenden Systems

Auch wenn wir in diesem Bericht die didaktisch-pädagogische Seite des Umgangs mit ICT-Mittel als entscheidender für die Nutzungsqualität betrachten, ist der Faktor «Support» nicht zu unterschätzen. Die Lehrkräfte können Computer im Unterricht nur einsetzen, wenn die technische Infrastruktur zuverlässig funktioniert. Wenn Programme dauernd abstürzen und Netzverbindungen nicht zustandekommen, ist an einen geregelter Einsatz im Unterricht nicht zu denken. Zu diesem Bereich gehören die Wartung und der Support der ICT-Umgebung (Netzwerk, Desktop-Geräte, Internet-Zugang), dann aber auch Neuanschaffungen und Erweiterung der Infrastruktur, Auswahl und Beschaffung von Standardsoftware, die technische Aus- und Weiterbildung von Lehrkräften am entsprechenden Ort und Hilfe bei Computer- und Netzpannen. Schon die Breite der angesprochenen Aufgaben erfordert eine Unterstützungsstruktur, die verschiedene Ebenen einbezieht. Wenn in Zukunft Computer flächendeckend angeschafft und betrieben werden, so wird es bei grösseren Kantonen kaum möglich sein, den Support auf der kantonalen Ebene zu organisieren. Die operative Arbeit wird – je nach Grösse des abzudeckenden Gebietes – regional oder auf Gemeindeebene vorgenommen werden müssen. Gemäss Angaben der Bildungsdirektion des Kantons Zürich rechnet man an der Volksschule zwischen 1,5 und 14,5 Supportstunden pro Computer und Jahr. Der Durchschnitt liege bei 5,3 Stunden (http://www.schulinformatik.ch/publikationen/informatiksupport_vs/informatiksupport.html). Grepper/Döbeli von der ETH Zürich nennen in diesem Zusammenhang folgende Regel für den Support: «Schulen benötigen nicht dieselbe Wartungsqualität wie die Industrie. Als Faustregel gilt: Pro Computer mindestens 1 Stellenprozent. Das bedeutet, dass für 100 Computer eine 100%-Stelle geschaffen werden» (Grepper/Döbeli 2000, S. 25).

Besonders wichtig erscheint dabei, dass in diesem Rahmen ein professioneller Support geleistet werden kann – über Fachstellen mit entsprechend ausgebildetem Personal, über Supporter (Informatikverantwortliche) mit spezifischen Kenntnissen oder über die Auslagerung an eine Informatikfirma. Dabei hat es sich bewährt, Supportaufgaben insgesamt je nach Komplexitätsgrad zu splitten: Power-User (z.T. auch Schüler/innen) bilden eine niederschwellige Anlaufstelle an den einzelnen Schulen, wo einfache technische Schwierigkeiten gelöst werden. Supporter der Einzelschulen stellen eine nächste und anspruchsvollere Ebene für kompliziertere Probleme dar. Diese wiederum können dort auf einen vollprofessionalisierten externen Support zurückgreifen, wo ihr Fachwissen nicht ausreicht.

Insbesondere ist in diesem Zusammenhang die Funktion der Power-User nicht zu unterschätzen, da es gerade die vielen einfachen Probleme sind, welche das Funktionieren der Geräte vor Ort belasten. Zeitverzögerte Antworten auf dringende Probleme wirken sich jedoch hinderlich auf die effiziente Integration der Computer in den Unterricht und nicht zuletzt auch auf die Motivation der Lehrer/innen aus.

6. Entscheidend ist der Ausbau der pädagogisch-didaktischen Unterstützungsangebote.

Noch zentraler als die technische ist die flankierende pädagogische Unterstützung, wenn Schulen mit Computern ausgestattet werden. Dies kann man aus den im ersten Teil dieses Trendberichts dargestellten empirischen Fakten schliessen. Dennoch ist es oft so, dass das Unterstützungsnetz sich primär auf die technische Seite bezieht. Informationsbeauftragte für Fragen der Schulinformatik erfüllen vorwiegend Funktionen im Bereich des Supports und übernehmen zusätzlich erst in zweiter Linie pädagogische Funktionen bzw. wachsen mit der Zeit in diese hinein.

Dies hängt damit zusammen, dass sich in der Vergangenheit meist Lehrkräfte für solche Funktionen interessierten, die Informatikkenntnisse hatten und sich zutrauten, die hauseigenen Geräte zu warten. Die pädagogisch-didaktische Diskussion um die Integration der ICT-Mittel in den Schulalltag spielte damals noch eine untergeordnete Rolle.

Dies hat sich mittlerweile geändert: Angesichts der unterschiedlichen Aufgabenstellungen wird heute zunehmend bezweifelt, ob diejenigen, welche technischen Support leisten, damit automatisch auch für die pädagogische Unterstützung des Arbeitens mit Computern prädestiniert sind. Denn letzteres ist mit gänzlich anders gearteten Fragen verbunden, so dass man technischen und pädagogischen Support primär einmal voneinander trennen sollte. Mit anderen Worten: nachdem ein technischer Support beinahe selbstverständlich bei der Einführung von Computern in die Schulen aufgebaut wird, ginge es nun darum, auch ein pädagogisches Kader zu bilden, welches alle die pädagogischen Visionen, welche mit den ICT-Mitteln verbunden sind, in die Praxis umzusetzen hilft. Gesucht sind dabei weniger Techniker als Coaches von Schulentwicklungsprozessen im ICT-Bereich und Animator/innen für interessante und medienadäquate Unterrichts- und Lernprozesse.

Insbesondere müssten diese auch fähig sein, zusammen mit externen Stellen Prozesse der schulinternen Weiterbildung zu planen und umzusetzen. Daneben fungieren sie als Berater/innen, etwa wenn Fragen an sie herangetragen werden wie: Wo findet man eine geeignete Lernsoftware für den Deutschunterricht und welche Erfahrungen wurden damit gemacht? Welches Computer-Lexikon hat sich für den Unterricht besonders bewährt. Wie setze ich ein bestimmtes Programm in einer Werkstatt ein? Wo finde ich hilfreiche Lernangebote auf dem Internet etc.

7. Es sind standortbezogene Informatikteams zu bilden, deren Grösse auf die Schulhausverhältnisse angepasst sind.

Da der Aufwand für einen einzelnen Informatikverantwortlichen an einer Schule sehr umfangreich sein kann und auch die Breite der Aufgaben (vom Support bis zu pädagogisch-didaktischer Beratung) dessen Ressourcen schnell überfordert, ist darauf hinzuwirken, dass in Schulen Informatikteams gebildet werden. Die Bildung eines Informatikteams ermöglicht es, die verschiedenen Aufgabenbereiche auf verschiedene Personen zu übertragen. Dabei sind die Schulhausverhältnisse ausschlaggebend für die Grösse und Zusammensetzung solcher Teams.

Im Folgenden soll ein Modell skizziert werden, wie ein solches Informatikteam organisiert werden kann (vgl. auch Grepper, Döbeli, 2000, S. 31): Grundsätzlich ist ein Informatikverantwortlicher zu bestimmen, welcher für eine umfassende Betreuung des lokalen Systems verantwortlich ist und innerhalb des Informatikteams eine Leitungsposition einnimmt. Der Informatikverantwortliche hebt sich von den übrigen Mitgliedern des Teams insbesondere durch seine ausgewiesene Kompetenz im pädagogisch-didaktischen Bereich der Arbeit mit ICT-Mitteln[10] ab. Dazu käme ein aus der Lehrerschaft stammender Supporter, der in der Schule Verantwortung für den technischen Teil übernimmt.

Weiter ist das Team – vor allem an grösseren Schulen – mit sogenannten Power Usern, die für den *First Level Support* zuständig sind, zu ergänzen. Diese kümmern sich um einfache technische Probleme (Problemortung und teils auch Behebung), können Anwendungsprogramme installieren und deinstallieren und sind im Umgang mit den gebräuchlichen Anwendungsprogrammen gewandt. Sie übernehmen auch die Aufgabe als Multiplikatoren, während sich die Supporter eher um anspruchsvollere technische Probleme (Neuinstallation des Betriebssystems usw.) und Hardwareinstallationen kümmern.

Je nach strukturellen und technischen Verhältnissen (sowie nach Schulstufe) ist zu überlegen, auch Schüler[11] in das Informatikteam mit einzubeziehen. Ein Teil der Schüler auf den höheren Stufen verfügt heute bereits über ein breites Computerfachwissen, das jenes der Durchschnittlehrer bei weitem übersteigt. Denkbare Einsatzbereiche wären für sie die Installation von Programmen, die Behebung von kleineren Problemen oder Wartung von Hardwareelementen (z.B. Drucker) etc.

Die Mitarbeit in solchen Informatikteams sollte dabei nicht auf einer ehrenamtlichen und unbezahlten Ebene bleiben. So benötigen die Beteiligten oft viele Stunden beim Lösen von Problemen oder beim Installieren neuer Programme – was nicht einfach über Gratis-Arbeit in der Freizeit abgebucht werden sollte. Zudem sind sie während des normalen Schulbetriebes für alle Computerbenutzer die wichtigsten Ansprechpartner und übernehmen eine

Schlüsselposition bei der Einführung von ICT-Mitteln in den Alltag der Schulen. Diese Aufgabe sollte wertgeschätzt und auch entsprechend finanziell entschädigt werden. So kann sicher gestellt werden, dass diese wichtige Aufgabe verantwortungsvoll und mit dem notwendigen Engagement betrieben wird.

8. Ein wesentlicher Teil der Weiterbildung ist schulhausbezogen zu organisieren

Weiterbildungskurse und eine entsprechende Grundausbildung innerhalb der Lehrer/innenausbildung können individuell eine Basis vermitteln, damit die Lehrkräfte über Kompetenzen verfügen, um den Computer als Werkzeug in ihrem Unterricht einzusetzen. Dennoch ist es nicht immer so, dass der Besuch solcher Kurse automatisch zu einem intensiven Einsatz der Geräte in der Schule führt. Wichtig sind vielmehr ein unterstützendes Schulklima, sowie der kollegiale Austausch und gegenseitige Anregungen. Renate Schulz-Zander hat die dabei leitenden Überlegungen in Anknüpfung an die Firmenkulturen der Wirtschaft auf den Punkt gebracht: «Aus der Einführung von Technologien in Unternehmen wissen wir, dass diese sowohl funktionell als auch infrastrukturell stimmig zur Organisation zu gestalten ist, da die Akzeptanz der Technik in dem Fall eher vorausgesetzt werden kann» (Schulz-Zander 1999, S. 49). Es gelte dabei generell die Maxime, dass sich eine Technologie reibungslos in den Life-style der Nutzerinnen und Nutzer einpassen müsse, wenn sie erfolgreich sein wolle.

Individuelle Weiterbildungsaktivitäten sind deshalb mit schulhausinternen Weiterbildungen zu koppeln, die in Zusammenarbeit mit der Schulleitung bzw. dem schulinternen Informatikteam organisiert werden. Solche Veranstaltungen können sowohl durch Mitglieder des Lehrer/innen-Kollegiums wie durch externe Fachleute geleitet werden. Dabei können auch erfahrene Computer-Anwender/innen ihre Kolleg/innen mit fehlenden oder noch geringen Computerkompetenzen an das professionelle Arbeiten mit Computern im Unterricht heranführen. Empfehlenswert sind in diesem Rahmen auch konstante Lerngruppen bzw. Tandems.

Die dezentrale Planung und Durchführung von Veranstaltungen im Rahmen der schulinternen Weiterbildung erlaubt die optimale Abstimmung der Inhalte auf die Bedürfnisse, Stärken und Schwächen der Teilnehmer/innen – was insgesamt eine grosse Praxisnähe solcher Weiterbildungen ergibt. Zudem ermöglicht der standortspezifische Charakter der Weiterbildung das Initiieren und Begleiten von Teamentwicklungsprozessen. Weil in der Computer- und Internetintegration ein grosses Veränderungs- und damit auch Verunsicherungspotential für ein Kollegium steckt, kann es durchaus Sinn machen, wenn sich Lehrer/innenteams entschliessen, eine kohärente schulhausspezifische Lösung im Rahmen eines begleiteten Prozesses zu entwickeln. Insbesondere sollten dabei auch die gruppendynamischen Aspekte sorgfältig beobachtet werden. Denn solche Veränderungsprozesse haben oft ungeahnte Auswirkungen auf die interne Beziehungsstruktur eines Teams: Es entwickeln sich vielleicht plötzlich «Computerstars» unter den Lehrkräften, und es gibt Mitläufer, Skeptiker und kritische Beobachter. Vielleicht entsteht im Schulhaus eine neue Kerngruppe, die sich um ein Computerprojekt schart, oder man benützt die Kritik an der «Computereuphorie», um der Schulleitung eins auszuwischen etc. Die neuen Rollen, die im Lauf solcher Entwicklungsprozesse entstehen, können unterschwellige Konflikte mit sich bringen, die möglichst früh auf den Tisch kommen sollten. Können sie aber aufgefangen und produktiv verarbeitet werden, kann ein Team daran wachsen und ein neues Selbstbewusstsein finden.

9. Der Austausch von Erfahrungen innerhalb und zwischen den Schulen ist über Online-Plattformen zu fördern

An den heutigen Schulen gibt es bei den Lehrkräften bereits ein erhebliches Potential von Erfahrungen mit der Integration von ICT in den Unterricht. Dabei wurde zum Beispiel in der Evaluation des Basler NIKT@BAS-Projektes von Seiten der Lehrkräfte immer wieder der Wunsch nach Austausch von Konzepten und Erfahrungen geäussert.

Um diese gegenseitig austauschen und auch andere Lehrer/innen von diesen Kenntnissen profitieren zu lassen, wäre es sinnvoll, vermehrt Online-Plattformen (Mailing-Listen, Newsgroups, Lernplattformen wie das medien-lab des Pestalozzianums Zürich) anzubieten. Dabei ist zu unterscheiden zwischen:
- Informationsplattformen, die vor allem dazu dienen, Informationen rasch an alle Interessierten weiterzuleiten;
- Austauschplattformen, wo die Beteiligten ihre Erfahrungen einbringen und diese miteinander diskutieren;
- Lernplattformen, die gezielt zur Unterstützung von Lernprozessen und zu einem darauf bezogenen Austausch von Erfahrungen eingerichtet werden.

Solche Plattformen können auf ganz unterschiedlichen Ebenen und mit je spezifischem Adressatenbezug eingerichtet werden[12]. Beispiele dazu wären etwa:
- Angebote auf gesamtschweizerischen oder kantonalen Bildungsservern für Kadergruppen (z.B. Fachstellenleiter/innen, Informatikbeauftragte etc.);
- Diskussionsforen für Lehrkräfte verschiedener Fächer;
- Austauschforen für kantonale Informatikprojekte;
- Lern- und Kommunikationsplattformen für einzelne Schulhäuser oder Kantone;
- Lernplattformen im Weiterbildungsbereich.

Insbesondere besteht die Tendenz, solche Angebote zu bündeln, damit an einem Ort ein Portal entsteht, das zu einer Vielzahl von Angeboten führt. In diesem Sinne werden gegenwärtig überall Bildungsserver entwickelt, welche für Lehrkräfte Anlaufsstellen darstellen, um fachliches Wissen auf dem Netz besser aufzufinden. Um Missverständnisse zu vermeiden: Wir gehen nicht davon aus, dass alle diese Aktivitäten zentral geplant sein müssen. Das Internet sollte es auch erlauben, spontan Initiativen zu ergreifen. Einige der besten Angebote auf dem Netz sind jedenfalls auf diesem Weg zustande gekommen. Dennoch sollten solche Aktivitäten koordiniert werden – und es kann auch notwendig sein, dass Fachstellen im Informatikbereich eigene Initiativen dort ergreifen, wo noch Lücken bestehen.

10. Einbezug des privaten Bereichs der Lehrkräfte

Beim Einführen des Computers in die Schulen sollte die heimische Arbeitsumgebung der Lehrkräfte nicht vergessen werden. Denn Lehrkräfte bereiten ihren Unterricht oft zuhause vor, beantworten dort E-Mails an die Eltern oder verfassen Arbeitsblätter etc. Je besser die häusliche Arbeitsumgebung mit jener in der Schule koordiniert ist, desto einfacher und selbstverständlicher wird die Computernutzung.

Dies betrifft bereits die Hardware. Es ist ein Vorteil, wenn die Lehrkräfte auch zuhause über einen Computer verfügen und dieser mit jenem in der Schule möglichst kompatibel ist. Grepper/Döbeli betonen in diesem Zusammenhang: «Im Gegensatz zur Wirtschaft, wo der typische Computer-Anwender einen von der Firma bezahlten und gewarteten Computer benützt, verbringen Lehrerinnen und Lehrer einen Teil ihrer Arbeitszeit zu Hause beim Vorbereiten am privaten Computer. Wenn die Schule den Gebrauch von Computern sowohl in der Vorbereitung als auch im Unterricht fördern will, so sollten die privaten Computer der Lehrerschaft ins Beschaffungs- und Wartungskonzept integriert werden» (Grepper/Döbeli 2000, S. 13). Und sie empfehlen darüber hinaus, dass dieselben Modelle, die in der Schule angeschafft werden, auch den Lehrkräften zum Schulpreis angeboten werden sollten. Die Autoren stellen in diesem Zusammenhang klar, dass es sich dabei nicht um ein Zückerchen für die Lehrerinnen und Lehrer handle, sondern dass dies ein Beitrag an eine moderne und zukunftsorientierte Schule sei. Hinzuzufügen wäre, dass in diesem Zusammenhang den Lehrkräften zuhause auch jene Software zur Verfügung zu stellen ist, mit der sie in der Schule arbeiten – etwa damit sie einen Text zu Hause fertigstellen können, den sie am Schulcomputer begonnen haben.

Im Weiteren betrifft die Integration der häuslichen Lernumgebung nicht allein Hardware und Support, sondern auch die Frage nach dem Zugriff auf den Schulserver. So war es im Basler NIKT@ BAS Projekt ein häufig von Lehrerseite formulierter Wunsch, auch von zu Hause auf die Daten in der Schule zugreifen zu können oder die E-Mails abzufragen. Damit wäre es möglich, flexibel an bestimmten Aufgaben zu arbeiten, ohne dass der Arbeitsort eine Rolle spielt.

11. Es ist dem Geschlechterbezug im Umgang mit ICT-Mitteln Beachtung zu schenken.

Einer der wesentlichen Befunde der Forschung ist es, dass Jungen und Mädchen nicht gleiche Chancen im ICT-Bereich haben. Obwohl zunehmend auch Frauen beruflich mit PCs arbeiten und die Zahl der Frauen, die das Internet regelmässig nutzen, zugenommen hat, sind Nutzungsunterschiede nicht wegzudiskutieren. Auch in den Untersuchungen, welche in diesem Bericht zitiert wurden, hat sich die Benachteiligung der Mädchen immer wieder bestätigt. Insbesondere sind die Bedürfnisse und Interessen zwischen den beiden Geschlechtern nicht kongruent.

Dabei konnten wir deutlich herausstellen, dass viele Ziele eines reflektierten Umgangs mit den neuen Medien eigentlich eher den Verhaltensmustern des weiblichen Geschlechtes entsprechen: So legen Mädchen mehr Wert auf einen sozialen Umgang mit Computern und sie richten ihr Verhalten eher darauf aus, welchen Nutzen ihrer Meinung nach die Arbeit mit dem Computer bringt – alles Verhaltensweisen, die zu den medienpädagogischen Zielsetzungen gehören, welche mit dem Computereinsatz in den Schulen verbunden sind.

An dieser Stelle müsste eine pädagogische Strategie der Mädchenförderung ansetzen: Die Schule könnte nämlich einen solchen Umgang mit Computern bewusst unterstützen und den damit angesprochenen pragmatisch-sozialen Verhaltensweisen eine entsprechende Wertschätzung entgegenbringen – anstatt das mangelnde technische Interesse der Mädchen zu beklagen. Damit kann sich gerade bei Mädchen Selbstvertrauen gegenüber den Mitteln der neuen Medien entwickeln und ein Gefühl, aktiv über deren Einsatz bestimmen zu können, anstatt ihnen allein als Opfer ausgeliefert zu sein. Gerade im Bereich der ICT-Mittel ist jener Grundsatz beherzigenswert, den Veronika Merz in ihrem *Gender Manual I* festhält: «In einer Gesellschaft, die stark geschlechterhierarchisch funktioniert, brauchen Mädchen in der Regel mehr Selbstvertrauen in ihre Fähigkeiten, ihr Wissen und ihre Kompetenzen. Jungen hingegen müssen eher mit ihren Grenzen konfrontiert werden und auch lernen, Grenzsetzungen einzuhalten» (Merz 2001, S. 91).

12. ICT-Umgebungen in Schulen sollten einen «open space» darstellen, der den Schülern und Schülerinnen nicht zu eingeschränkte Nutzungsmöglichkeiten gibt.

In vielen Schulen ist es Usus, die Computer einzuschliessen, wenn sie nicht unter der Kontrolle der Lehrkräfte stehen. So stehen die Computerräume leer und sind abgeschlossen, wenn kein offizieller Unterricht stattfindet. Dies hat zur Folge, dass die Geräte letztlich nur während der Unterrichtszeit bzw. für deklarierte Unterrichtszwecke genutzt werden dürfen. Denn es handelt sich ja – so die Rechtfertigung – um eine sehr teure und anfällige Technik, die vor Vandalismus und Missbräuchen zu schützen ist.

Dies widerspricht der Vision, dass die Computer zum Alltagswerkzeug werden, die rund um die Uhr für verschiedenste Arbeiten und Aktivitäten genutzt werden. Soll der Computereinsatz zudem in den Schulen die Chancengleichheit der Schülerinnen und Schüler fördern, müssten die benachteiligten Kinder auch in der schulfreien Zeit die Möglichkeit haben, die Computer zu benutzen. Zum Beispiel wäre es sinnvoll, dass sie Hausaufgaben (z. B. das Verfassen von Vorträgen) an den Schulcomputern erledigen könnten. Und es könnte auch ein Ziel sein, diesen Kindern in ihrer Freizeit das Kennenlernen von pädagogisch wertvoller Software zu ermöglichen.

Auf das befürchtete Problem des Vandalismus müsste anstelle von Verboten vermehrt mit pädagogischen Mitteln reagiert werden. Um dies zu realisieren, sind verschiedene Möglichkeiten denkbar. In einzelnen Schulen könnten die Geräte an Orten installiert werden, wo eine lockere Überwachung möglich ist (z. B. in Bibliotheken). Dort, wo Computer in Klassenzimmern installiert sind, könnten die Lehrkräfte ihren Schülern die Benutzung erlauben, wenn sie selbst nach dem Unterricht noch anwesend sind. Es könnte aber auch ein bis zweimal pro Woche eine Schülergruppe mit der Beaufsichtigung nach der Schule betraut werden. Dies sind nur einige wenige Beispiele; weitere flexible Lösungen könnten sicher gefunden werden.

Die Offenheit und Zugänglichkeit der Computer hat zudem eine zweite Seite, die vor allem das Internet betrifft. Um Kinder und Jugendliche vor anstössigen Inhalten zu schützen, werden in Netze oft Filter eingebaut, welche den Zugang zu bestimmten Seiten verhindern. Dies hat jedoch nicht nur Vorteile, da auch für die Lehrer/innen das Arbeiten mit dem Internet unter diesen Einschränkungen sehr mühsam und teilweise auch ärgerlich werden kann. So führte dies in einem Fall dazu, dass alle Benutzer, welche bei Hotmail eine Adresse hatten, wegen des Begriffes «hot» von dem Netz aus keinen Zugriff zu ihrem E-Mail-Account mehr bekamen. Mindestens ist in solchen Fällen zu prüfen, ob der Filter so eingestellt werden kann, dass alle «sauberen» Seiten wieder angezeigt werden. Zudem ist die Notwendigkeit von Filtern grundsätzlich zu diskutieren.

Denn Verbote sind schon deshalb problematisch, weil sie die negativen Internet-Angebote gegenüber den viel zahlreicheren nützlichen und interessanten Webseiten wahrnehmungsmässig in den Vordergrund rücken. Gerade in den höheren Schulstufen könnte es sinnvoller sein, sich mit diesen Phänomenen pädagogisch auseinanderzusetzen (etwa indem man Sie zum Gegenstand einer inhaltlichen Auseinandersetzung im Unterricht macht). Auf der anderen Seit gibt es aber einen gewissen öffentlichen Druck auf die Schulen, hier den Zugang zu reglementieren. Falls aus diesem Grund eine Zugangssperre für bestimmte Angebote weiterhin als opportun erachtet wird, ist nach Lösungen zu suchen, die es erlauben, solche Filter punktuell zu entschärfen und möglichst flexibel zu handhaben.

Anmerkungen
1 Von den Schulstandorten, an welchen das Internet «fast ununterbrochen» benutzt wurde, waren zwei (von drei) Schulen Gymnasien.
2 Weiterbildungsschule
3 Dies gehört zu den Standardfunktionen von Textverarbeitungen wie «Word for Windows».
4 Diese Standards sind erstmals im Zusammenhang mit dem Team Medien/Informatik des Pestalozzianums Zürich in dieser Weise formuliert worden. Sie dienen hier als Folie, um die Weiterbildungsangebote im Informatikbereich auf die generelle Konzeption einer ICT-gebildeten Lehrkraft zu beziehen, die den durch die Informationsgesellschaft an die Schule gestellten Herausforderungen gewachsen ist.
5 Erste Bestrebungen dazu wurden schon in der Mitte der Achtzigerjahre des letzten Jahrhunderts unternommen. So wurde damals in den Gymnasien eine «24-Stunden-Informatik» und in den Berufsschulen eine 20-Stunden-Informatik eingeführt (vgl. Moser 1986). Zur gleichen Zeit hat in Deutschland die Bund-Länder-Kommission erstmals eine informationstechnische Grundbildung für alle Schüler postuliert und deren Beginn auf den Sekundarbereich I gelegt.
6 Das bedeutet denn auch nicht, dass man in den ersten Klassen der Primarschule generell auf einen Internet-Anschluss verzichten sollte. So wird es immer wieder eine Gelegenheit zu ersten Gehversuchen im Netz geben – etwa indem man gezielt ein Internet-Angebot mit den Kindern anschaut oder sich einmal in einem E-Mail Kontakt versucht. Ausgedehntere und komplexere Internet-Projekte werden indessen eher den nachfolgenden Klassen vorbehalten sein.
7 Ähnlich argumentiert z.B. auch das Konzept Informatik des Kt. St. Gallen. Man beginnt punktuell im Kindergarten mit Lernprogrammen und setzt dies schwerpunktmässig in der Unterstufe fort. In der Mittelstufe liegt der Schwerpunkt auf der Standardsoftware und der Informationsbeschaffung. In der Oberstufe wird die Informatik auch selbst zum Unterrichtsgegenstand. Im Unterschied dazu sehen wir den Einsatz von Standardprogrammen schon früher (evtl. auch über eingeschränktere und kindgerechtere Software wie das im Moment nicht mehr produzierte Textprogramm *Junior Schreibstudio*).
8 Computerräume in der Grundschule sind sicher als Konzept umstritten. Doch in diesem Zusammenhang geht es nicht um eine inhaltliche Diskussion, sondern allein um das Beispiel der von einer Schule entwickelten Programmatik im Medien- und ICT-Bereich.
9 Vorausgesetzt, es handelt sich nicht um Uralt-Maschinen, die lediglich mit überalterten DOS-Programmen zum Laufen zu bringen sind. In diesem Sinne sind Geschenke von Firmen, die auf diese Weise ihre alten Geräte «entsorgen» eher unter die Rubrik «Abfallbeseitigung» zu zählen als zur Schulförderung.
10 Dies im Unterschied zu Informatikverantwortlichen alter Schule, die sich vor allem über seine technischen Kompetenzen definierte.
11 Problematisch in diesem Zusammenhang ist allerdings der Datenschutz. Schüler dürfen keinen Zugriff auf Lehrerdateien haben.
12 Hier nehmen wir eine Idee auf, die in verschiedener Form heute bereits existiert. Dazu gehören etwa der periodische Newsletter, welchen die Schweizerische Fachstelle für Informationstechnologien im Bildungswesen (SFIB) versendet, die auf Yahoo! Groups basierende Mailing-liste des Projektes Internet im Kt. Basel-Landschaft, die vom Pestalozzianum Zürich angebotenen Internetplattformen zu seinen Integrationskursen etc., das Projekt learn-line in Nordrhein-Westfalen, das Online-Forum Medienpädagogik des Landesinstituts für Erziehung und Unterricht, Stuttgart etc.

Literatur

Arnold Rolf, Siebert Horst, Konstruktivistische Erwachsenenbildung, Hohengehren 1995

Batinic Bernad, Der Internet-Nutzer — ein rein theoretisches Konstrukt? (online-Text auf: http://www.psychol.uni-giessen.de/~batinic/survey/ARTIKEL/KON.HTM)

Baumgartner Peter, Lehr- und Lernqualität von Internetanwendungen, Online erhältlich auf: www.uni-klu.at/~bpaumgarter/pdf/learnt98.pdf, 1998 (besucht: 11.6.1999)

BECTA, Primary Schools of the Future – Achieving Today, A Report to the DfEE by BECTA, London 2001

Bertelsmann Stiftung (Hrsg.), Computer, Internet, Multimedia – Potentiale für Schule und Unterricht, Gütersloh 1998 (siehe auch: dies., The Potential of Media Across the Curriculum, Gütersloh 1998)

BESA (British Educational Supplierf Association), ICT in UK Schools, London 2000

Brandl Werner, Lernen als «konstruktiver Prozess»: Trugbild oder Wirklichkeit? In: schulmagazin 5, 1997, S. 5 ff. (online auf: http://www.stif2.mhn.de/konstr.1.htm)

Bruck Peter A., Geser Guntram, Schulen auf dem Weg in die Informationsgesellschaft, Innsbruck 2000

Büeler Xaver, Stebler Rita, Stöckli Georg, Schulversuch «Schulprojekt 21». Wissenschaftliche Evaluation. Bericht 2 zuhanden der Bildungsdirektion des Kantons Zürich, Zürich 2000

Bucher Peter, Hardware-Ausrüstung der Primar- und Oberstufenschulen des Kantons Zürich, Zürich 1999 (online auf: http://www.schulinformatik.ch/publikationen/pdfdownload/pdfdownload.html)

Bund-Länder-Kommission für Bildungsplanung und Forschungsförderung, Rahmenkonzept für die Informationstechnische Bildung in Schule und Ausbildung, Bonn 1984 (hektografiertes Manuskript)

Döring Nicola, Das WWW im Unterricht,. Organisatorischer Rahmen, didaktische Grundlagen und praktische Beispiele, in: Janetzko Dieter u.a. (Hrsg.), CAW. Beiträge zum Workshop ‚Cognition & Web'. IIG-Berichte 1/97, Freiburg 1997 (Online auf: http://www.nicoladoering.net/publications/cawdoe.htm)

Gesellschaft für Informatik (GI), Empfehlungen für ein Gesamtkonzept zur informatischen Bildung an allgemein bildenden Schulen, in: Beilage zu LOG IN 20, 2000, Heft 2

Gray Audray, Constructivist Teaching an Learning, Online-Artikel auf: http://www.ssta.sasknet.com/research/instruction/97-07.htm

Grepper Yvan, Döbeli Beat, Empfehlungen zu Beschaffung und Betrieb von Informatikmitteln an allgemeinbildenden Schulen, Zürich 2000

Hänggi Ursula, Computereinsatz im Unterricht an der Primarstufe (Unterstufe), in: Schweizer Schule 4, 1998, S. 11 ff.

Harris Judy, Virtual Architecture: Designing and Directing Curriculum-Based Telecollaboration,1998, Eugene 1998

Heisch Rüdiger, Evaluation – die Situation in Deutschland online:http:// ckeck up.san-ev.de/dyn/678.htm

Jervis Alan, Steeg Torben, The Development of Internet Provision and Use in UK Schools, Manchester 2000 (int. verv. Ms.)

Kielholz Anette, Geschlechtsunterschiede in Nutzungsart, Nutzungsmotiven und Einstellung, in: Groner Rudolf, Dubi Miriam (Hrsg.), Das Internet und die Schule. Bisherige Erfahrungen und Perspektiven für die Zukunft, Bern 2000 (online auf: http://visor.unibe.ch/~agnet/diskuss.htm#zusammenfassung)

Kiessling Bernd, Wie Massenmedien Wirklichkeit machen, in: Universitas 1999, S. 638 ff. (zit. nach dem Online-Text auf: http://lbs.bw.schule.de/onmerz)

Landschulze, Maren, Gender, Social Setting, and Cultural Background In Computer-Mediated Distance Education. – Vortrag auf dem Internationalen Workshop «Information Technologies in Agricultural Education», 27-29. September 1999 in Moskau (online auf: http://www.uni-kiel.de/zif/cmde/)

Luhmann Niklas, Erziehender Unterricht als Interaktionssystem, in: Diederich Jürgen, Erziehender Unterricht – Fiktion und Faktum? Frankfurt 1985, S. 77ff.

Luhmann Niklas, Die Realität der Massenmedien, Wiesbaden 2000

Merz Veronika, Salto, Rolle und Spagat. Basiswissen zum geschlechtsbewussten Handeln in Alltag, Wissenschaft und Gesellschaft, Zürich 2001

Mitzlaff Hartmut, Lernen mit Mausklick. Computer in der Grundschule, Frankfurt 1997

Morton Jessica G., Kids on the Net. Conducting Internet Research in K-5 Classrooms, Portmouth 1998

Moser Heinz, Der Computer vor der Schultür. Entscheidungshilfen für Lehrer, eltern und Politiker, Zürich 1986

Moser Heinz, «Den Einstieg hab ich gefunden, die Meisterschaft noch nicht», Zwischenbericht des Projektes Informatik für Primarschulen, Liestal 1999 (int. verv. Ms.)

Moser Heinz, Abenteuer Internet, Zürich 2000 a

Moser Heinz, Einführung in die Medienpädagogik, Opladen 2000, 3. Aufl.

Müller Lukas, ICT im Unterricht, Aarau 1999 (online auf: http://www.sanag.ch)

Scholl Wolfgang, Prasse Doreen, ans Netz – Probleme und Lösungsmöglichkeiten. Ergebnisse einer organisationsbezogenen Evaluation der Initiative «Schulen ans Netz (SaN)», Berlin 2000. online auf: http://www2psychologie.hu-berlin.de/orgpsy/forschung/texte/san.htm

Schulprojekt 21, Entwicklungs- und Finanzplan (Businessplan), Zürich 1998 (online auf: http://www.schulprojekt21.ch/files/businessplan.pdf

Schulz-Zander Renate, Neue Medien und Schulentwicklung, in: Rösner, Ernst (Hrsg.), Schulentwicklung und Schulqualität, Dortmund 1999

Spanhel Dieter, Tulodziecki Gerhard, Rahmenkonzepte für neue Medien im Lehramtsstudium: Basis- und Zusatzqualifikation, in: Bentlage Ulrike, Hamm Ingrid (Hrsg.), Lehrerausbildung und neue Medien, Gütersloh 2001, S. 9ff.

Statistics of Education: Survey of Informations and Communications Technology in Schools, England 2000, London 2000

Stangl Werner, Die Internet-Nutzung an österreichischen Schulen – neuester Stand, in: Lehner, Karl, Seiter, Josef (2000), Im Netz der Neuen Medien. Unterrichtswelten in Veränderung 1. Schulhefte 2000. S. 133–144. Online auf: http://www.stangl-taller.at/STANGL/WERNER/BERUF/PUBLIKATIONEN/Internetnutzung2000.pdf

Süss Daniel, Giordani Giordano, Sprachregionale und kulturelle Aspekte der Mediennutzung von Schweizer Kindern, in: MedienPädagogik 1, 2000 (online auf: www. medienpaed.com)

Thissen Frank, Das Lernen neu erfinden – konstruktivistische Grundlagen einer Multimedia-Didaktik, in: Beck Uwe, Sommer Winfried (Hrsg.), Learn/Tec 97. Europäischer Kongress für Bildungstechnologie und betriebliche Bildung. Tagungsband. Karlsruhe 1997, S. 69 ff (zit. nach dem Online-Text auf: http://lbs.bw.schule.de/onmerz)

Web-based Education Commission, The Power of the Internet Learning: Moving from Promise to Practice, Washington 2000

Weinrich Frank, Schulz-Zander Renate, Schulen am Netz – Ergebnisse der bundesweiten Evaluation. Ergebnisse einer Befragung der Computerkoordinatoren und -koordinatorinnen ein Schulen in: Zeitschrift für Erziehungswissenschaft 4, 2000 S. 577–593

Lüscher Martin, Wirtensohn Martin, Stand der Informatikintegration an der Volksschule des Kantons Zürich. Erhebung 2000, Zürich 2001 (int. Verv. Ms.)

Über den Autor

Heinz Moser ist apl. Professor an der Westfälischen Wilhelms-Universität Münster, Teamleiter am Pestalozzianum und gewählter Leiter des Departements «Wissensmanagement» an der Pädagogischen Hochschule Zürich.
Geboren am 11. Januar 1948 in St. Gallen (Schweiz), studierte er an der Universität Zürich Pädagogik, Linguistik und Sozialpsychologie. Nach seiner Tätigkeit als Assistent am Pädagogischen Institut der Universität Zürich wechselte Moser nach Münster, wo er habilitierte. Seit den 80er-Jahren publiziert er zum Thema «Schule und Computer» und zu medienpädagogischen Fragen, u.a. mit der Publikation *Abenteuer Internet: Lernen mit WebQuests* (Zürich 2000).